Leopold Kammerer

Kur-Freuden und Kur-Schatten

Leopold Kammerer

Kur-Freuden und Kur-Schatten

Heiteres Lesevergnügen
für den Kurgast

Mit Illustrationen
von Traudl und Walter Reiner

Verlagsanstalt »Bayerland« Dachau

Verlag und Gesamtherstellung:
Druckerei und Verlagsanstalt »Bayerland« Anton Steigenberger,
8060 Dachau 2, Konrad-Adenauer-Straße 19

Alle Rechte der Verbreitung (einschl. Film, Funk und
Fernsehen) sowie der fotomechanischen Wiedergabe und des
auszugsweisen Nachdrucks vorbehalten.

© Druckerei und Verlagsanstalt »Bayerland« Anton Steigenberger,
8060 Dachau 2, 1989

Printed in Germany · ISBN 3-89251-043-1

Lieber Kurgast,

sei willkommen!
Fühl' dich frei und nicht beklommen,
wenn du vieles hier als Gast
anders als zu Hause hast,
denn es liegt in der Natur
einer wirkungsvollen Kur,
daß der Kreislauf deiner Welt
anders wird und umgestellt.

Deshalb sei hier dein Bestreben,
heiter und gesund zu leben,
denn die Kur wird wirksam sein
und ergötzlich obendrein,
wenn du froh im Herzen bist,
gut gelaunt und Optimist.

Ob die Sonne flimmernd scheint,
ob ein Regenhimmel weint,
nimm es hin als gottgegeben.
Abwechslung verschönt das Leben!

Und es zählt doch eines nur:
Viel Erfolg bei deiner Kur!

**DIESES BUCH IST MIR LIEB, –
WER MIR'S NIMMT, IST EIN DIEB,
UND OB RITTER ODER KNECHT,
SEI'S AM GALGEN GERÄCHT!**

So sah man das noch ziemlich eng
im Mittelalter, sichtlich streng.
– Doch seit man Freiheit größer schrieb,
lebt man viel freier, auch der Dieb.
Drum wird nun häufig unverhohlen,
was einem lieb ist, frech gestohlen.

Und andrerseits, nicht minder häßlich,
ist der moderne Mensch vergeßlich.
So könnte, um das zu beschreiben,
auch dieses Buch wo liegenbleiben, –
im Speisesaal, im Warteraum
am Bänklein unterm Apfelbaum.

Ein kleiner Schriftzug könnte nützen,
um dich und dieses Buch zu schützen.
Mit deinem Namen, welch ein Glück,
findet es leicht zu dir zurück.
Drum, lieber Eigner, trage fein
hier deinen werten Namen ein:

DIESES BUCH GEHÖRT:

zur reinen Lesefreude und als Erinnerung an meine Kur.

Hemmungen

Der Neuling stutzt in jedem Falle:
Soll er sich in der großen Halle
mit seinen vielen Überpfunden,
mit seinem Bäuchlein, mit dem runden,
der Mitwelt ohne Gala zeigen
beim heilsamen Thermalbad-Reigen?
Man ist gehemmt, ein klarer Fall,
doch meistens nur beim ersten Mal.
Denn bald schon läßt es sich erkennen,
daß andre auch mit Bäuchen rennen,
daß vieles baumelt, schwabbelt, hängt,
auch dort, wo man's im Kleid nicht denkt!
So manche Haut ist wüst gefaltet
und mancher Wuchs nicht wohlgestaltet.
– Doch keine Angst, das muß so sein:
es bringt uns Mut und Tröstung ein.
Man sieht, daß die vom Nachbarzimmer
genauso leidet und noch schlimmer.
Zur Kenntnis wird es still genommen:
Kein Mensch ist wirklich ganz vollkommen!
Insoweit sind sich arm und reich
und jung und alt im Grunde gleich. –

Man schreitet ruhig in die Therme,
genießt den Heilquell und die Wärme,
man kennt und grüßt sich, wohlerzogen.
– Und Hemmungen? – Die sind verflogen!

Licht und Schatten

Jede Kur zu allen Zeiten
zeigt uns Licht- und Schattenseiten,
wenn der Kurgast willensfest
beide Seiten wirken läßt.

Wasser, Luft und Sonnenschein
schaffen's nämlich kaum allein,
was dem Kurschatten gelingt,
daß er neuen Aufschwung bringt.

Anwendungen und Diät,
Bad, Massagen, Turngerät
machen nicht so freudig frei
wie 'ne kleine Liebelei.

Also heißt die frohe Kunde,
daß der Kurschatten im Grunde
zweifelsohne, wohlgemerkt,
den Erfolg der Kur verstärkt.

Wie eine Kur die Lebensgeister weckt

»Ich bin einfach völlig fertig! Total überarbeitet! Das sehen Sie ja! Der ständige Streß laugt den Menschen aus. Man wird sich selber fremd! Man verliert sich gänzlich in Hetze und Pflichtenkreis!« So seufzte der Baustoffgroßhändler Oskar Döberle, während der Finanzbeamte zwecks Buchprüfung sein Büro belagerte.
»Nun ja«, meinte der Finanzer etwas anzüglich, »soweit ich ersehen konnte, haben Sie jedes Jahr die gesamte Firma im Sommer und im Winterhalbjahr jeweils vier volle Wochen geschlossen. Das sind doch gute Erholungsmöglichkeiten, bei acht Wochen Urlaub pro Jahr!«
»Ach, was!« protestierte Döberle. »Urlaub ist doch heutzutage auch nichts mehr zum Erholen! Die Frau will jedesmal woanders hin als ich. Sie muß an diese stinkfade Adria. Die Kinder haben schon eigene Vorstellungen, und meistens hab' ich die Schwiegermutter auch noch auf dem Hals! – Nichts wie Streit, schon im voraus. Endlose Debatten und dann Reiseplanung und Quartierbestellung, alles ein Wust von Organisation – der gleiche Streß wie hier im Betrieb!«
Weil inzwischen der Finanzbeamte auch noch auf eine schlechtgetarnte Steuerhinterziehung gestoßen war, erlitt Herr Döberle eine ernste Herzattacke.
Stunden später stand plötzlich sein einsamer Entschluß fest: Sollte die zerstrittene Familie heuer hinfahren, wo sie wollte – möglichst dorthin, wo der Pfeffer wächst! Die Schwiegermutter auf eine Hallig und seine Auguste zu den Lagunen beziehungsweise Kloaken an der Adria!!!
Er wird endlich etwas für seine angegriffene Gesundheit tun!
So meldete er sich kurzentschlossen zu einer Kur an. Er hatte einen berühmten Badeort für Herz- und Kreislaufbeschwerden gewählt, der fast gleich weit entfernt lag vom Friesland wie von Rimini.

Seine Entscheidung fand weniger Widerstand, als er gedacht hatte.

Zu gegebener Zeit, während seine Familie die mitteleuropäischen Klimazonen wechselte, bekam er heilsame Wechselgüsse, die Herz und Kreislauf anregen sollten. – Also, für den Kreislauf erwiesen sich die Wassergüsse als recht wirksam. Aber sein Herz? Nun, sein Herz wurde weit stärker in Schwung gebracht durch eine recht erfreuliche Bekanntschaft.
Er hatte sie schon am zweiten Tag seines Kur-Urlaubs gesehen und beobachtet, mit welcher Grazie sie im Kurpark lustwandelte. Wie fein sie den Trinkbecher an der Heilquelle zum hübschen Mündchen führte.
Gab es da nicht diese vielen penetranten Witze über Kurschatten? Der Geschäftsmann Döberle war ja von Natur aus kein Einsiedlertyp oder von Hemmungen geplagt. Er redete sie einfach an und war von der Unterhaltung mit ihr noch mehr angetan als von ihrem wirklich guten Aussehen. Man traf sich wieder. Sie war immer gewinnend, adrett, geschmackvoll gekleidet. Bescheiden vielleicht, aber blitzsauber. Nicht so aufgemöbelt und dennoch nachlässig wie seine anspruchsvolle Auguste daheim – nicht so hin und her schusselnd zwischen Nerzmantel und Laufmaschen. Sie war übrigens mit Abstand die Hübscheste unter dem ganzen Kurvolk ringsherum!
Die Dame schien auch an ihm Gefallen zu finden, da er sehr großzügig sein konnte, und so stand einer engeren Kurfreundschaft nichts mehr im Wege.
Oskar Döberle bemerkte, daß sein Herz nicht zu alt und jene Dame nicht etwa zu jung sei.
Er überlegte im stillen, ob ihr interessantes Gesicht durch die große Brille mehr Ausdruckskraft erhielt oder ob sie ohne die modischen Augengläser vielleicht noch hübscher wäre.
Er fand einen romantischen Weg, eben dies herauszufinden.
Die Kur wurde ein voller Erfolg, sogar mit höchsterfreulichen Nachwirkungen!

Die Dame mit Brille war Geschäftsführerin in einer renommierten Buchhandlung in der schmucken Kreisstadt, die kaum zwanzig Autominuten vom Wohnort der Familie Döberle entfernt lag. Also wirklich leicht erreichbar.
Der Geschäftsmann Oskar Döberle hatte öfter in der Kreisstadt zu tun.
Sein Herz arbeitete übrigens wieder zu seiner vollen Zufriedenheit.

Als Frau Auguste mit den sonnengebräunten Kindern aus Italien zurückkam, fand sie einen sehr freundlichen, gut erholten Oskar vor, der sich überhaupt dank der Kur wirklich zu seinem Vorteil verändert hatte.
»Er hat seitdem«, so lobte Auguste ihrer besten Freundin gegenüber, »seit dem Abschalten im Kurbetrieb ganz andere Interessen! Geistige vor allen Dingen! Er liest jetzt leidenschaftlich gern, hat sich direkt zum Büchernarren gewandelt. Und immer wenn er in der Kreisstadt zu tun hat, bringt er mir etwas mit. Meistens auch Bücher. Das hat er früher nie getan!«
Freilich, einmal mußte Frau Auguste fast lachen, als er ihr als Geschenklein ein Italienisch-Wörterbuch mitbrachte. »Oh, wie aufmerksam! Aber das wär doch nicht nötig gewesen, Oskar!« wehrte sie bescheiden ab. Dabei dachte sie im geheimen: Das hab ich doch alles von Tonio viel leichter gelernt.
Tonio war in Rimini immer dann neben ihrem Liegestuhl aufgetaucht, wenn die Kinder zum Muschelsuchen am Strand untergetaucht waren.

Der Badearzt

Auf daß die Kur verträglich sei,
benötigt man doch zweierlei:
den Kurort und sein Drum und Dran,
damit man fachlich kuren kann,
und dann braucht man doch in der Tat
den Badearzt mit seinem Rat,
der gründlich den Befund aufnimmt
und darauf unsre Kur abstimmt.
Wer glaubt, der könnt' sich das ersparen,
wird leider allzu leicht erfahren,
daß er, woran er gar nicht denkt,
an Wirkung manches hat verschenkt
oder, von Reizen überflutet,
sich einfach zuviel zugemutet.

Drum sollte man sich nicht genieren,
den Badearzt zu konsultieren,
der klug und fachbezogen sagt,
was unsrem Körper voll behagt.

Jedoch, so gut sein Rat auch sei,
der kleine Haken ist dabei:
Der Ratschlag bringt dem Kurgast Pflichten –
er müßte sich auch nach ihm richten!

Die ständige Begleiterin

Die ernstgemeinte Schlankheitskur
ist eine harte Prozedur,
drum schätz' ich dabei immerhin
die ständige Begleiterin,
die mir nicht selten Schreck einjagt,
wenn sie mir keck die Wahrheit sagt
in unbestechlich treuer Art
und dennoch ungeheuer hart:
»Du bist zuviel herumgesessen,
hast wieder viel zu viel gegessen!
Du mußt dich einfach mehr bewegen,
nicht faul zum Mittagsschläfchen legen.
Man sieht es auf den ersten Blick,
du bist noch immer viel zu dick.«

Wer ist sie denn, daß sie es wagt,
mir unverblühmt die Meinung sagt?
Sie, derentwegen ich entsage?

Man nennt sie: die Personenwaage.

Auch das noch

Ein Gast, höchst reizbar von Natur,
zieht in sein Zimmer ein zur Kur.
Doch schon ein paar Minuten drauf
regt ihn ein Mißstand höllisch auf:
Es tropft im Raum ein Wasserhahn!
Am Nachttisch geht das Licht nicht an.
Die Handtücher im ganzen Bau
sind wäschefrisch, doch viel zu rauh.
Im Schrank vermißt er Kleiderbügel,
verklemmt erscheint ein Fensterflügel.
Das große Haus ist schlecht gebaut,
sein Zimmer liegt auch viel zu laut,
was seinen schlechten Schlaf betrifft:
es liegt direkt am Schacht vom Lift,
nach vorne, zur belebten Straße,
auch Küchendunst steigt hoch zur Nase,
und – Himmel, ach! – von irgendwo
stört gar ein lautes Radio
und Tauben, die Geräusche machen,
und andre Gäste hört man lachen! –

Der Kurgast protestiert entschieden,
mit seinem Zimmer unzufrieden,
das seine Nerven fast zersägt
und – – noch die Nummer 13 trägt!

Keine Sensationen!

Der Mensch auf Kur sei sich bewußt:
Hier geht's um Leid und nicht um Lust!
Anders als auf Vergnügungsreisen,
anders als in Touristenkreisen,
sucht man hier nicht nach Sensationen,
nach Abenteuern, die nicht lohnen.
Hier strebt man nach Erholung nur,
Gesundung als Erfolg der Kur.
Man will bewußt und ernstlich nun
für die Gesundheit etwas tun:
Man schwimmt, man wandert und marschiert,
man nimmt ein Moorbad, wird massiert.
Ruhe, Gymnastik, kalte Güsse
sind heilsamer als heiße Küsse.
Von Leiden und Abnutzungssorgen,
ob sichtbar oder tief verborgen,
von Tageslast und Schicksalsstößen
soll sich der Kurgast langsam lösen
und ohne Sensationen eben
vorwiegend der Erholung leben.
Insofern unterscheidet sich die Kur
von Urlaub und Vergnügungstour.
Fehlt auch der Kur Erlebnisbuntheit,
schenkt sie viel Zuwachs an Gesundheit!

Das Moor

Unvorstellbar bleibt sein Werden
zwischen Wasser, Luft und Erden –
schon vor Millionen Jahren,
als wir Menschen noch nicht waren.

Unfaßbare Urgewalten
mußte die Natur entfalten,
zauberhafte Formen geben,
die wir nun als Moor erleben.
Wälder sind darin ertrunken,
auf Jahrtausende versunken,
Menschen darin umgekommen,
Sagen daraus hochgeschwommen,
Geister, an das Moor gebunden
sind im Nebel dort verschwunden,
Kobolde, die nächtens toben.
Von Geheimnissen umwoben
sind des Moores Zauberkräfte.
Doch als humussaure Säfte
steigen sie zu uns empor,
neu, als Heilkraft aus dem Moor!

Frauen sind keine Engel

»Frauen sind keine Engel« – so heißt ein bekanntes Filmlustspiel. Ob man diese Titelaussage nun als besonders weise Lebenserkenntnis oder als banale Selbstverständlichkeit betrachten will, bleibt jedermann selbst überlassen.
Festzustellen wäre jedenfalls, daß sogar Frau Marion Engel, entgegen ihrem Familiennamen, keineswegs frei war von kleinen teuflischen Anfechtungen, die da lauteten: Unaufrichtigkeit, Eitelkeit, Angeberei und andere niedliche Schwächen.
Marion Engel, eine recht hübsche Frau, etwas über vierzig, erholte sich gerade bei einem Kuraufenthalt. Seit fünf Tagen zwischen Badearzt und Fangopackungen, zwischen Schwimmbad und Speisesaal auf Wanderschaft, hatte sie mit einigen Damen der Kurgästeschar und besonders mit ihrer Zimmernachbarin bereits Freundschaft geschlossen.
Nun bleibt ja Freundschaft zwischen erwachsenen Frauen immer ein Begriff mit Vorbehalten. Die Vorbehalte heißen: Männer.
Marion Engel hatte ihrer Kurfreundin Christa Keil – vom Zimmer nebenan – bereits beiläufig zu verstehen gegeben, daß sie am Wochenende nichts gemeinsam unternehmen könnten, weil sie den Besuch ihres Mannes erwarte.
Im Prinzip sehr nett – dachte Christa –, wenn sie der Ehemann schon am ersten Wochenende besuchte.
Als er dann am Sonnabend wirklich aufkreuzte, riß Christa doch ihre Augen weiter auf, als sie eigentlich vorgehabt hatte. Er fuhr in einem beachtlich teuren, knallroten Sportwagen vor und machte ziemlich Furore. Sein mitgebrachtes Blumenarrangement in Zellophan überschritt preislich die üblichen Ehepartner-Anstandsmitbringsel-Sträußlein in geradezu unanständiger Weise.
Diese Blumenpracht und auch die untereinander gewechselten feurigen Blicke des Paares machten die Beobachterin Christa fast

stutzig. Auch Marion Engel schien plötzlich zu gehen, als ob sie wirklich Flügel besäße. Als dann Er der Schwebenden sogar die Wagentüre öffnete und ihr als vollendeter Kavalier beim Einsteigen behilflich sein wollte, da kamen der heimlichen Zuschauerin Christa doch argwöhnische Zweifel. – So ein Feuerwerk, wegen fünf Tagen Abwesenheit – nach zwanzig Jahren Ehestand? Mit drei halberwachsenen Kindern –, wie sie von der »Engel« erfahren hatte? – Übrigens, wo waren die drei Kinder? – Nun ja, vielleicht schon sehr selbständig – aber trotzdem! Alles sehr merkwürdig. – Auch, daß das Ehepaar so flugs verschwunden war. Christa konnte sich des Eindrucks nicht erwehren, die »Engel« habe alles so auf Eile hin organisiert, damit kein Vorstellen, kein Gespräch mit dem Besucher möglich war.
Das Löwenzahn-Pflänzchen »böser Verdacht« hatte im Gemüt der Christa Keil bereits eine tiefreichende Pfahlwurzel entwickelt.
Als sie am Montag der Kurfreundin Engel wieder an der Mittagstafel gegenübersaß, lobte sie offen: »Sie haben aber einen sehr gutaussehenden, wirklich netten Mann. Und so galant! Ich habe Sie kurz vom Fenster aus gesehen. – Da kann man Sie nur beglückwünschen!«
Marion Engel wehrte bescheiden ab, und ihre kleine Verlegenheit dabei konnte man so oder so ausdeuten.
Im stillen dachte sich Christa Keil: Warte nur, du falscher Rauschgoldengel, dir komm ich schon hinter dein papierenes Geheimnis. Und hinterhältig fragte sie an: »Könnten wir vielleicht für nächstes Wochenende eine gemeinsame Wanderung zu dem bekannten Forsthaus Hubertus einplanen, von dem hier alle in den höchsten Tönen schwärmen? Muß eine phantastische Lage und beste Küche haben.«
Aber sogleich erhielt sie von der hübschen Marion die erwartete Abfuhr: »Oh, das tut mir sehr leid – aber wie ich die Art meines lieben Mannes kenne, wird er mich jedes Wochenende besuchen, und er will dann mit mir allein wegfahren – um die familiären Dinge in traulicher Zweisamkeit zu besprechen.«
Insoferne hatte Christa keine Möglichkeit, der Kurnachbarin

hinter ihre Karten zu gucken. Denn jedesmal ab Samstag war Marion engelsgleich entschwebt.
Nur der blinde Zufall schlug der schönen Marion ein entlarvendes Schnippchen. In der dritten Woche des gemeinsamen Kuraufenthaltes lag ein gesetzlicher Feiertag, der zwangsläufig frei blieb von Kur-Anwendungen. Da hatte sich Christa Keil mit zwei anderen Damen des Kurhauses verabredet, einen Ausflug in die nächste Kreisstadt zu unternehmen. Dort kehrten sie um die Mittagszeit aufs Geratewohl in eine gutbürgerliche Gaststätte ein. Und wen entdeckten sie da?
An einem größeren Tisch saß ein gutmütig aussehender Mann mittleren Alters, mit ausgebeultem Sakko, der gerade genüßlich mit vollen Backen kaute. Dazu drei Jugendliche, zwischen vierzehn und achtzehn, die sich gegenseitig geschwisterlich attackierten. Und ein wenig glanzlos in diesem Kreis lächelte Frau Engel dem behäbigen Mann zu, der ihr gerade einen Bissen Semmelknödel auf seiner Gabel anbot, mit der Frage: »Probier mal! Schmeckt der nicht direkt medizinisch?«
Das ist also ihr wirklicher Ehemann – schoß es Christa Keil durch das Köpfchen –, schau, schau, das falsche Engelchen!
Jetzt freute sie sich schadenfroh, daß sie der Kurfreundin vorgestern jenen schlechten Friseur angeraten hatte, mit dem sie selber keineswegs zufrieden gewesen war.
»Wirkt heute ein bißchen – wie ein gerupftes Hühnchen, die schöne Marion«, sagte sie beiläufig zu ihren zwei Begleiterinnen aus dem Kurheim, die beide spöttisch grinsten.
Ja, ja, Frauen sind halt keine Engel.

Unmoral

Ein großes Kurhaus, flott betrieben –
ich wohne dort in Zimmer sieben –,
doch nebenan, auf Nummer acht,
da gibt's schon in der ersten Nacht
ein wüstes Feiern, das mich stört.
Das Treiben find' ich unerhört –
und weil ich langsam Kopfweh kriege,
schlaflos in meiner Koje liege,
hör ich fast alles durch die Wand.
Was sich dort tut, ist allerhand:
Kichern und Toben schlimmster Sorte
und lauter so obszöne Worte.
Das scheint mir denn doch ein Skandal,
das Weibsstück dort voll Unmoral.
Die sprech' ich morgen da drauf an!
Und wie beschlossen, so getan.
Mit ziemlich bös gereizter Miene
erwarte ich die dreiste »Biene«
mit finstrem Blick auf Nummer acht,
von meinem Türspalt aus bewacht.
– Und da! Mein Lauern wird belohnt,
denn die, die Nummer acht bewohnt

öffnet nun ihre Türe leise,
und – – sie ist eine ausnahmsweise
in ihrer Art bezaubernd Süße,
so daß ich sie mit Achtung grüße,
worauf sie zu mir spricht, ganz achtbar:
»Ach, *Sie* sind jetzt mein Zimmernachbar!
Da wünsch' ich Ihnen schöne Tage!
Erlauben Sie, daß ich Sie frage:
Stört Sie vielleicht des Abends spät
mein vorlautes Fernsehgerät?
Ich muß es etwas lauter drehen,
sonst kann ich nämlich nichts verstehen,
denn das Gehör ist auch beschnitten,
wenn man die Achtzig überschritten!«

Da wird mir plötzlich restlos klar,
wer gestern unmoralisch war!

Der »Kurfürst«

Er war schon eine auffallende Erscheinung! Hielt sich hübsch gerade, obwohl er die Fünfzig bestimmt bereits überschritten hatte. Sein silberhelles, gewelltes Seidenhaar leuchtete weithin, und sein ganzes Auftreten wirkte vornehm und zurückhaltend. Der Mann hatte etwas Überlegenes, beinahe Aristokratisches an sich. Ein »Freiherr« im buchstäblichen Sinne des Wortes. Man sah ihn auch kaum in Gespräche mit anderen Kurgästen verwickelt.
Dagegen konnte man sein Silberhaupt täglich im Kurpark am großen Schachbrett beobachten. Ohne jemals ein unnötiges Wort zu verlieren, bewegte er dort die kindsgroßen Figuren mit unnachahmlicher Sicherheit und Grandezza.
Und er gewann meisterlich jede Partie.
Bald raunte man unter den immer anwesenden Zusehern rund um das mit Bodenplatten gestaltete Riesenschachbrett im Kurpark: »Das ist ein absoluter Meister des königlichen Spiels. Deshalb wird er hier allgemein der ›Kurfürst‹ genannt.« –
Wenn ein neu angelangter Kurgast sich mit dem Herrn im Silberhaar auf eine Partie einließ und vielleicht gar ein paar großsprecherische Bemerkungen fallen ließ, für die Ohren der Zaungäste und Spielbeobachter, dann schmunzelten sicher auf jeder Seite des umlagerten Schachplatzes ein paar Kurgäste. Und mancher flüsterte in feierlichem Ernst oder sogar in Schadenfreude seinem Nachbarn zu: »Der wird sich wundern, wie schnell er matt ist. – Das ist nämlich der ›Kurfürst‹, den er sich da zum Gegner ausgesucht hat! Und der Kurfürst hat hier noch keine Partie verloren!«
Ja, das große Schach im Kurpark war selbst für mich ein beliebter Rastplatz im Freiluft-Spazierprogramm. Neben dem jeweiligen Spielverlauf interessierten mich auch die Typen im »Publikum«, die jeden Zug fachmännisch verfolgten und zumindest mit ihren Gesichtszügen stumm kommentierten. So war mir mancher Kopf und natürlich auch der »Kurfürst« bereits nach wenigen Ta-

gen meines Kuraufenthaltes eine wohlbekannte Erscheinung. Er besonders gehörte zum edlen Schach, wie der weiße König. Deshalb war die originelle Ehrenbezeichnung »Kurfürst« wohl angemessen. Ich nannte ihn im geheimen ja auch so und freute mich, wo immer ich sein Silberhaupt erblickte im weiten Umfeld unseres Kurortes.
Doch eines Tages überraschte mich ein völlig anderes Bild!
Ein grauhaariger, ältlicher Mann schleppte in untertänigster Körperhaltung einen schweren Koffer samt einigen prallgefüllten Plastiktaschen aus einem Auto in die Hofeinfahrt einer Pension. Er machte einen ziemlich gehetzten Eindruck.
Ihn von rückwärts betrachtend, meinte ich für einen kurzen Augenblick, der devote Bedienstete habe eine gewisse Ähnlichkeit mit unserem Schachkönig, dem »Kurfürsten«.
Im Weitergehen hörte ich dann noch eine schrille Frauenstimme aus der Toreinfahrt der Pension keifen: »Artur, Artur, wo bleibst du denn so lange mit dem letzten Koffer?«
Ich dachte mir mein Teil und setzte meinen Weg fort und widmete mich meinen vielen Kur-Pflichten und -Anwendungen.
Als ich nach Tagen wieder einmal im Kurpark Rast hielt, gesellte ich mich, nach alter Gepflogenheit, am Rand der Schach-Anlage zu den »Experten«.
Zwei Fremde stümperten an einer jämmerlichen Partie herum. Plötzlich hörte ich neben mir die gedämpften Worte: »Die können ja gar nichts! – Wo ist eigentlich der Schachkönig abgeblieben, der Kurfürst?« – »Den gibt's nicht mehr«, antwortete der Nachbar. »Der darf seit Tagen kaum noch herkommen. Der hat seit dem Wochenende Besuch von seiner lieben Gattin. Ein Riesenweib, mit dem Charme einer alten Zuchthauswärterin! Die kommandiert den armen Pantoffelhelden vielleicht herum. Der ist gar nicht wieder zu erkennen – zehn Zentimeter kleiner und um zehn Jahre gealtert, seit sie hier ist! – Mann, die hält den vielleicht am Laufen!! – Jetzt haben wir ihn umgetauft. Nicht mehr Kurfürst, nicht mehr Schachkönig! – Wir nennen ihn neuerdings nur noch den Kur-Läufer!«

Nach kurzer Gesprächspause meinte dann der soeben Aufgeklärte: »Jaja, im Leben ist es wie beim Schachspiel – – jeder findet einmal den Partner, der ihn mattsetzt!«

Mir aber ging da ein Gedanke durch den Kopf: Wie hatte doch der berühmte Curt Goetz einmal so treffend festgestellt? »Ein Mann mag der strahlendste Held sein – in dem Augenblick, da seine Ehefrau auf der Bildfläche erscheint, wird er zum ausgemachten Trottel.«

Beim »Kur-Läufer«, vormals Kurfürst genannt, traf das offensichtlich zu.

Unglaublich

Unfaßbar, wenn man nur beschreibt,
was mancher Mann im Kurpark treibt,
wenn er nach Anerkennung strebt –
und doch, ich hab' es selbst erlebt.

Zwei Männer, wild darauf versessen,
sich vor viel Publikum zu messen,
begannen voll Verbissenheit
gerissen ihren groben Streit.
Der eine hat, welch ein Betragen,
einfach des andern Pferd geschlagen.
Der hat darauf recht ungeschliffen
des Gegners Dame angegriffen,
die dieser dann, doch sehr geschreckt,
schnell hinter einem Turm versteckt.
Der andre aber, boshaft, keck,
nimmt sie ihm dennoch wortlos weg
und legt sie triumphierend stumm
vor allen Leuten einfach um.

Ist so etwas nicht liederlich?
Nein, Kurpark-Schach ist widerlich,
und die es spielen, voll der Listen,
sind geistig Exhibitionisten!

Der Kurgast und sein Schatten

Der Mensch, der sich auf Kur begibt,
selbst wenn er das Alleinsein liebt,
bemerkt sehr bald, schicksalsbedrängt,
daß sich ein Schatten an ihn hängt:
der Kurschatten – eine Erscheinung,
sehr amüsant nach Mehrheitsmeinung.

Kurschatten, das sind jene Wesen,
die mit uns kränkeln und genesen,
die unser Leid erfahren dürfen,
mit uns das gleiche Wasser schlürfen,
dieselben Wege schmerzvoll gehen
und deshalb unser Herz verstehen.
Kurschatten, männlich oder fraulich,
sind allgemeinhin recht erbaulich,
ein Trost und Auftrieb fürs Gefühl,
sie sind nie frostig oder kühl,
denn äußerst selten sind die Schatten
die angetrauten Ehegatten.

Die Quelle

An geheimnisvoller Stelle
aus dem Fels quillt eine Quelle,
flüstert, plätschert immerdar
unaufhörlich, Jahr für Jahr,
Tag und Nacht zu jeder Stunde,
fließt dem Dürstenden zum Munde,
lindert hilfreich Qual und Pein,
kühlt ihm Stirne, Arm und Bein,
trägt sein ganzes Weh und Ach
leicht hinweg als muntrer Bach.

Doch so manche klare, helle,
wunderbare stille Quelle
kann noch mehr, kann Leiden heilen,
wenn die Menschen zu ihr eilen,
denn sie löst im Boden tief,
was an Kraft dort unten schlief,
trägt's in ihrem Wasser still
hoch zu dem, der trinken will,
schenkt uns ihren Überfluß
mühelos als Kurgenuß,
gibt uns ohne Großgebärde
Heilung aus dem Schoß der Erde!

Deshalb sei du hoch gepriesen,
Land, wo solche Quellen fließen!
Doch, falls keine Quelle da
oder nicht zum Greifen nah,
ist – bevor wir hier verschmachten –
auch ein Bier nicht zu verachten.

Eine gute Idee

Bei manchem Kurort oder Bad
gibt es auch einen »Waldlehrpfad«,
was kluge Menschen sehr begrüßen,
die zur Betätigung mit Füßen
auch mit dem Kopf noch gerne kuren
auf ihrem Weg durch Wald und Fluren.
Da ward mit Liebe und mit Geist,
mit hohen Kosten auch zumeist,
ein schöner Lehrpfad angelegt,
den man mit Aufwand hegt und pflegt.

Doch sieht man sich dort später um,
wie das verehrte Publikum
ganz ohne Hirn und ohne Scham
sich längs des Pfades schlecht benahm,
als Esser, Trinker oder Raucher
oder Papiertücher-Verbraucher,
was alles da zu Boden fällt,
obwohl Behälter aufgestellt –
das bringt mich, wenn ich sowas seh',
auf eine neue Pfad-Idee:
Man bräuchte eigentlich doch fast
für manchen unerzognen Gast
zu Waldlehr- und zu Trimm-dich-Pfad
auch noch einen »Benimm-dich-Pfad«.

Lehrreich

Voll Interesse, unbestritten,
hab ich den Waldlehrpfad beschritten
und las dort, nach Belehrung wild,
erpicht jedes Erklärungsschild.
So fand ich unbekannte Pflanzen
und reiche Freude an dem Ganzen.
Bis ich an eine Tafel kam,
die mich doch sehr in Anspruch nahm.
Sie war auf einen Pfahl montiert,
ringsum mit Maschendraht armiert
in dem sich, direkt, wo ich stand,
ein kleines Hügelchen befand.
Da die Beschriftung klein gewesen,
mußte ich wohl, um sie zu lesen,
zum Schildchen treten, eng und nah,
um zu entziffern, was ich sah.

Hier stand in ausführlichster Weise:
»Nestbau der großen Waldameise«.
Doch eh' ich das voll buchstabiert,
hab ich es schon an mir verspürt,
denn meine Beine waren jetzt
von schwarzen Ameisen besetzt,
die sich mit Eifer dort betätigten
und das Gelesene bestätigten.

Ja, allzu intensives Wissen
hat manchen schon sehr tief gebissen!

Heimlichkeiten

Im Kurpark gab es, Gott sei Dank,
auch eine süß verschwiegne Bank,
von Laub verdeckt beinah' total,
für Liebespaare ideal.

Zwei schlimme Knaben, Horst und Walter,
im neugierigen Bubenalter
bauten sich dort, erkennbar kaum,
mit Brettern einen Sitz im Baum.
Sie wollten, wißbegiergetrieben,
erfahren, wie sich Menschen lieben,
vielleicht auch Küsse, Worte tauschen.
Sie wollten Paare dort belauschen!

Kaum daß sie dann versteckt sich hatten,
kam schon ein Kurgast an nebst »Schatten«,
und zwischen Haselbusch und Flieder
kuscheln sie sich aufs Bänkchen nieder.
Und wie sie ruhen, Seit' an Seiten,
erzählen sie sich Heimlichkeiten.

Die Buben, die im Astwerk sitzen,
begierig ihre Ohren spitzen.
Doch was sie hören da, die beiden,
sind nur Berichte über Leiden:
»Ja, ja, genau das hatt' ich auch
und immer Schmerzen rechts im Bauch.«
– »Ich hatte 'mal ganz steife Füße
und die geschwollne Leistendrüse.«
»Ja, meine Mutter litt an Gicht!«
»Nein, Hefeteig vertrag ich nicht!«
»Ich hatte rasende Beschwerden.
Das Bein mußte geschnitten werden,
und bis zum Anfang dieser Kur
von Besserung gar keine Spur!«

So ging es dauernd hin und her,
das Klagen nahm kein Ende mehr.
Die Buben, die im Baume saßen,
waren enttäuscht über die Maßen.
Sie wunderten sich ehrlich nur,
was sich Verliebte auf der Kur
in einer Stunde, einer lauen,
an Heimlichkeiten anvertrauen.

Nicht nur ein Kurgeheimnis

Mag man auch viel darüber schreiben,
es wird doch ein Geheimnis bleiben,
warum Besitz, Armut, Genie,
warum auch Glück und Sympathie
auf unsrer Menschenwelt hienieden
so schlecht verteilt sind, so verschieden.
Tatsache ist – ganz rein und pur,
das merkt man selbst bei einer Kur –,
daß Menschen froh oder bedrückt sind,
in keiner Weise gleich bestückt sind:
ob Geld, ob Idealgewicht –,
der eine hat's, der andre nicht!
Der eine rackert sich durchs Leben
und greift beim Glück doch stets daneben.
Dem andern fällt das große Los
ganz ohne Mühe in den Schoß.

So wird es auch im Bädertreiben
ein ewiges Geheimnis bleiben,
weshalb ein Kurgast, unberührt,
ein schattenloses Dasein führt,
während ein andrer, chancenreich,
mehrere Schatten hat zugleich.

In den Seebädern

Mit schönem Strand, am Meer gelegen,
sind Seebäder ein wahrer Segen!
Dort kann sich dann der Binnenländer,
Bewohner trister Großstadtränder,
im Dünenmarsch auf leisen Sohlen
von Smog und Autolärm erholen.
Er kann das Bein, den Bauch, die Hüften
und seine Lungen kräftig lüften,
denn manches Plätzchen an der Küste
gestattet leicht die freie Büste.
Er kann sich auch besonnt, verstohlen
ein rotes Hinterteilchen holen.
Kurz, er verbringt die Kur als Pause
grundsätzlich anders als zu Hause.
Ob modisch elegant verpackt,
ob in den Dünen, splitternackt,
ob Badeschönheiten-Parade,
ob nach der Strand-Kur-Promenade –,
bald schmecken Sonne, Meer und Fisch,
man fühlt sich wieder jung und frisch.
Es schwinden häufig Ach und Weh
im Badekurort an der See.

Der Horcher an der Wand

Der Dicke lag auf der Massagebank und wurde von der geübten Fachkraft energisch durchgeknetet, und zwar derart, daß er mitunter laut aufstöhnen mußte. »Au! Ja, da ist eine Stelle, die richtig schmerzt! Au! Genau dort, wo Sie jetzt drücken!« Aber nun bearbeiteten die kräftigen Hände gerade diese Körperpartie extra intensiv, und man hörte den Masseur sagen: »Da haben Sie eine ausgeprägte alte Verspannung! Die müssen wir wegbringen!« Erneut mußte das liegende Opfer aufstöhnen, und der dicke Mann verwünschte die Stunde, da er sich auf diese Tortur eingelassen hatte.
Wie hatte doch sein Arzt gesagt, dieser scheinheilige Patron? »Das wird Ihnen gut tun, diese Kur!« Und seine Frau hatte in das gleiche Horn gestoßen. Ihr habe die Kur im letzten Jahr so viel Freude bereitet, und sie fühle sich wie neugeboren seitdem. – Verlogene Gesellschaft!
»Au!!« Und immer wieder dieselbe Stelle, die so schmerzt, daß ihm der Angstschweiß ausbricht.
Einziger schwacher Trost: In der Nebenkabine ging es ähnlich zu. Wenn auch keinerlei Sichtkontakt bestand, so hörte man doch jeden Ton herüber – die Walkarbeit, die klatschenden Schläge auf nackte Haut und Fettpolster und die Gespräche zwischen »Opfer und Täter«.
Um sich von den Mißhandlungen etwas abzulenken, horchte der Dicke konzentriert auf die Laute aus der Nebenkabine.
Offenbar ging es dort jetzt doch etwas humaner zu, denn der Patient unterhielt sich angeregt mit dem knetenden Therapeuten.
»Ist das nicht sehr anstrengend, Ihr Beruf?«
»Wie man's nimmt! Jeder Beruf hat seine Schattenseiten!«
»Und wenn Sie Frauen so herumkneten müssen? Ich meine, als Mann? – Gibt es da keine Anfechtungen?«
»Ach, wissen Sie, da muß man über der Sache stehen und – unsere Patienten sind doch meist an der Beseitigung ihrer Be-

schwerden interessiert und nicht an Abenteuern und – im übrigen gehören ja auch die Damen durchwegs den reiferen Jahrgängen an.«
»Na, na, Alter schützt vor Torheit nicht! Dieses alte Sprichwort soll ja für Männer und Frauen gleichermaßen gelten. Hin und wieder werden Sie da schon was erleben!«
»Na ja, zwischendurch gibt es schon mal tolle Geschichten!«
»Dacht' ich mir doch, also erzählen Sie mal! Plaudern Sie mal etwas aus der Schule!«
»Ach, voriges Jahr, da hatten wir zum Beispiel so eine verrückte Hummel hier. Die war vielleicht eine Scharfe! Die hat's aber mit jedem Mannsbild versucht. Gott, war die auf Männerfang aus. Ein echt raffiniertes Luder. Von der Unterwäsche über ihr Mienenspiel bis zum letzten Wort, das sie redete, war alles nur auf Eroberung und Liebesabenteuer abgezielt. Am Ende, glaube ich, hatte die mindestens ein Dutzend Kurschatten-Verhältnisse abgespult. Bei uns hatte sie's auch bei jedem Masseur versucht. ›Ach, mein Ottokar, mein Mann‹, hat sie jedem vorgeklagt, ›mein Ottokar, der ist ja nur mit seinem Beruf, mit seiner Schule verheiratet. Aber eine Frau wie ich, die will doch vom Leben noch etwas haben! Aber mein Ottokar, der ist wie ein erloschener Vulkan. – Na, ein Professor und Schulleiter! Dann wissen Sie alles. – Was die Wissenschaft und die Beamtenwürde nicht aufgefressen haben, das erstickt in der Pedanterie. Für Erotik bleibt da kein Raum. Mein Ottokar kann mir einfach nichts bieten. Und da sagt man doch immer, Schullehrer wären besonders gute Liebhaber, nach ihrem Leitspruch: Soo, nun machen wir das alles noch einmal von vorne! – Ui, Ihre Massage tut gut! Oh, was für starke Muskeln Sie doch haben!‹
Und auf diese Tour hat sie bei allen ihre plumpen Versuche gestartet. Aber bei uns Fachleuten war das ziemlich erfolglos. Bei den männlichen Kurgästen jedoch, da hat sie wohl eine Menge aufgerissen mit ihrer dümmlichen Masche: ›Mein Ottokar, mein Ottokar versteht mich nicht! Ach, wenn er doch Ihr Temperament hätte!‹

Immerhin haben wir alle in der Beobachtung unseren Spaß gehabt, weil die wilde Ziege auch noch so einen unmöglichen Namen hatte, den man in diesem Zusammenhang gar nicht so leicht vergißt. Sie hieß nämlich Frau Schnepf. Wir nannten sie alle bloß die Schnepfe.«
Jetzt hörte man aus der Kabine widerliches mehrstimmiges Lachen herüber.

In der Kabine des Horchers meinte der Masseur plötzlich zum Dicken: »Sie scheinen aber einen sehr hohen Blutdruck zu haben. Nun, für heute sind wir fertig. Übermorgen kann ich Sie wieder eintragen, – wenn Sie mir eben noch mal Ihren Namen nennen, bitte!«
Da brummte der Dicke mit blaurotem Kopf: »Professor Ottokar Schnepf.«
Dann trocknete er sich mühsam ab und zwängte sich in seine lange Unterhose.

Die letzte Zigarette

Der Mensch auf Kur ist ernst bestrebt,
daß er nur der Gesundheit lebt,
daß er viel wandert und marschiert,
auf daß er Pfund um Pfund verliert
und, was uns nicht zu wundern braucht,
daß er demnächst auch nicht mehr raucht.
– Nur, zwischen Vorsatz und Vollzug
liegt etwas Zeit, ja Zeit genug
für eine laut erklärte Wette
und für – die letzte Zigarette!
Das heißt, die letzte, nicht sofort –
ab morgen dann, er gibt sein Wort.
Weil – heute ist noch Abschiedsfeier
im Kurheim für Direktor Meier,
und morgen – nein, das wär' zuviel –
nein, morgen ist doch Länderspiel,
am Fernsehbildschirm übertragen,
da raucht die Bude sozusagen,
der volle Raum ist rauchgeschwängert,
was seinen Vorsatz auch verlängert, –
bis demnächst seine Freundin kommt,
von da ab raucht er nicht mehr, prompt!

Doch weil die Freundin ihn versetzte,
raucht er jetzt immer noch die Letzte!

Berge

Wo die Welt zum Himmel strebt,
ein Gebirge sich erhebt,
unter Hitze oder Stürmen
sich die spitzen Felsen türmen,
wo der Mensch in Freud und Pein
sich erkennt als winzig klein,
wird der Gast, der Wanderer
merkbar fast ein anderer.
Berge formen seine Seele,
daß ihm dumme Hoffart fehle,
wenn er merkt, bei jedem Tritt,
ach, wie kurz ein Menschen-Schritt!
Gipfelsiege, hart errungen,
weiten Blick und Herz und Lungen,
und die Luft, so würzig, fein,
schlürft der Mensch in sich hinein
und empfindet sie befreit
als Geschenk und Köstlichkeit.
So sind Berge von Natur
bestgeeignet auch zur Kur,
weil sie zur Bewegung zwingen,
vielfaches Erleben bringen,
weil sie unsren Blick erheben
auf ein höchst gesundes Leben.

Reklamationen

Nichts auf der Welt ist ohne Mängel!
Wir Menschen sind schon keine Engel,
und auch ein Kurort, rein und fein,
kann nicht ganz ohne Fehler sein.

Natürlich muß man sozusagen
nicht über jede Fliege klagen.
Doch Mängel, die sich ernsthaft zeigen,
sollte der Kurgast nicht verschweigen.
Nur die Beschwerde, deutlich, offen,
läßt eine Änderung erhoffen.

Drum, lieber Kurgast, hergehört!
Wenn Sie am Kurort etwas stört,
bringen Sie bei der Kurverwaltung
laut Ihre Klagen zur Entfaltung.
Ja, sprechen Sie dort frei heraus
und schimpfen Sie sich tüchtig aus,
erleichtern Sie sich nur aus voller Kehle,
denn Schimpfen ist der Stuhlgang unsrer Seele!

Die kleinliche Erpressung

Ein Kurgast, der diätgespeist,
verspürt am Nachmittag zumeist
Lust auf ein Täßchen voll Kaffee –,
ich selber auch, wie ich gesteh'.
Der Wunsch läßt sich – denkt man im stillen –
in jedem Kaffeehaus erfüllen.
Doch just der Wunsch kann uns beizeiten
Verstimmung bis zur Wut bereiten,
wenn auf Terrasse wie im Garten
wir lange auf Bedienung warten,
der wir dann endlich, ohne Klagen
den braven Wunsch ergeben sagen.
Da ist es nämlich schnell passiert,
daß die Bedienung hart pariert,
uns anpfeift wie ein Bettelmännchen:
»Auf der Terrasse gibt's nur Kännchen!«

Das ist nicht guter Dienst am Gast!
Ich nenne das Erpressung fast.
Man zwingt dich, doppelt viel zu kaufen,
obwohl du trinken willst, nicht saufen.
– Ob sich das nicht vermeiden läßt,
daß man den Kurgast so erpreßt?
Die Wirte sollten nicht vergessen,
wenn sie uns zur Portion erpressen,
daß mancher Gast nur deshalb prompt
ein nächstes Mal nicht wiederkommt!

Ansichtskarten

Landschaften gibt es mancherlei,
Ortschaften zeigen sich dabei
in gutem oder trübem Licht,
bei bester oder schlechter Sicht,
bei Regen oder Windeswehen
sehr unterschiedlich anzusehen.
Ansichten also aller Arten!
Jedoch nicht so auf Ansichtskarten!

Da gibt es nur ein Bild allein:
Landschaft und Ort im Sonnenschein!

Deshalb, ihr, die man angeschrieben,
die ihr so brav daheimgeblieben,
glaubt nicht, wenn Grüße auf euch warten,
den Bildern auf den Ansichtskarten!

Sie zeigen doch zu allen Zeiten
vierfarbig nur die Zuckerseiten,
des Ortes Renommier-Gesicht,
die bunte Wahrheit aber nicht!

Der treue Gast

Herr Schleich, ein Jubiläumsgast,
gehört schon zur Gemeinde fast!
Seit zwanzig Jahren immerfort
kommt er zur Kur in unsren Ort.
So wird er heuer gar prämiiert,
als Ehrenkurgast dekoriert.
Der treue Stammgast Edmund Schleich,
betont geehrt, wird sichtlich weich,
wie man ihm so sein Loblied singt
und ihm gar Blumen überbringt.
Frau Bürgermeister, welche Ehr',
bringt die Medaille, silberschwer,
und drückt ihm fotogen und lange
ein Ehrenküßchen auf die Wange.

Bei diesem Anblick, wundersam,
mir plötzlich die Erleuchtung kam,
weshalb Herr Schleich denn Jahr für Jahr
ein gar so treuer Kurgast war:

Der dritte Sohn vom Bürgermeister,
und welch ein Zufall, Edmund heißt er,
genau wie unser Kurgast Schleich,
der sieht ihm ganz verblüffend gleich!

Der Schwoof

Das ist bekannt
bei Fritz und Franz:
Zum Kurvergnügen
zählt der Tanz.

Er lenkt von Kur
und Leiden ab
und bringt den Kreislauf
sehr auf Trab.

Er schafft erst
menschliche Kontakte
und Kurfreundschaften,
oft kompakte.

Der Tanz, der Schwoof,
ist herrlich und
neben der Freude
sehr gesund.

Und deshalb gibt es
überall
in Kurorten
ein Schwooflokal.

Und mancher dreht dort
hin und her,
wie schon seit Jahren
so nicht mehr!

Sich für den Kurschatten
verrenken,
soll auch die Frau daheim
nicht kränken:

Ich glaube,
was Erfahrung lehrt,
daß mancher Kurgast,
heimgekehrt,
gleich nach der Kur,
wenn's wieder geht,
mit seiner Frau
'ne Runde dreht!

Kurkonzert

Von vielen Gästen sehr begehrt
am Kurort ist das Kurkonzert.
Im Park und vor dem Essen schon
Musikgenuß am Pavillon.
Wer dort genießt, pur hingerissen,
der zeigt, daß er kulturbeflissen,
ganz öffentlich beweist man so:
man ist ein Kurgast mit Niveau.
Da lauschen Elsa, Karl und Nelly
der Serenade von Toselli,
und alle fühlen Wonneschauer
beim Glanzvortrag: »Dichter und Bauer«.
Geigt auch der Sologeiger kläglich,
die Melodie stimmt feiertäglich.
Spielt die Kapelle gar vorzüglich,
macht's das Programm erst recht vergnüglich.
Und das Konzert klingt heiter aus
mit einem Potpourri von Strauß.
Die Gästeschar erhebt sich, steif,
so recht zum Mittagessen reif,
denn jeder hat – und glaubt daran –
jetzt für den Geist etwas getan.
Drum will er nun nach Tonkunstwerken
auch endlich seinen Magen stärken.
So hab ich nur noch nachzutragen,
was alle Kenner dazu sagen:
Die Kur wär' nur die Hälfte wert
ohne das Labsal »Kurkonzert«.

Die Zweitfrisur

Sehr hilfreich für die Zeit der Kur
ist für die Frau die Zweitfrisur.
So nennt man heute die Perücken,
die manches kluge Köpfchen schmücken
als Aushilfe für Frau Natur
besonders während einer Kur.
Wenn nämlich die Tortur beginnt,
der Schweiß in wahren Strömen rinnt,
wenn die Gymnastik strapaziert,
wenn der Masseur beherzt massiert,
wenn man im heißen Moorbad sitzt,
wenn Schwefelwasser wirksam spritzt,
wenn das Thermalbad heiß beglückt,
die Badehaube kräftig drückt,
wenn warme Dämpfe träge steigen,
muß doch die Haartracht Wirkung zeigen.

Doch siehe da, nach kurzer Zeit
erscheint so manche fesche Maid
im Fluge umgekleidet nur
mit tadelloser Zweitfrisur,
und niemand würde jetzt vermuten,
daß dieses Köpfchen vor Minuten
verwüstet war und sah noch aus
wie weiland die getaufte Maus.
Das ist der Segen der Perücken,
die manchen Kurschatten entzücken.
– Doch gibt es Frauen, hört man sagen,
die Drittfrisuren mit sich tragen.
Da soll sich's um Perücken handeln,
die ihr Gesicht total verwandeln,
auf daß sie unerkannt verbleiben,
sofern sie »Schattenspiele« treiben.

Was wäre gewesen, wenn ...?

Nach dem Moorbad und der Massage war auch für Frau Elvira Klaiber eine halbe Stunde Ruhe angeordnet. So lag sie nun, in weiße Laken gehüllt, in ihrer Kabine des modernen Kurmittelhauses und freute sich darüber, daß sie endlich einmal etwas für ihre Gesundheit tun konnte.
Mein Gott, so eine Kur! Das hätte man sich vor Jahren schon leisten sollen. Aber ihr Robert, der verdiente nicht gerade klotzig, und die Kinder und das mühselig abbezahlte kleine Haus – da waren einfach keine Finanzen übrig für zusätzliche Ausgaben.
Aber nun ja, sie hatte ihren Robert doch aus Liebe geheiratet. Wenn man zwanzig ist, weiß man ja zu wenig vom wirklichen Leben. Man glaubt es auch nicht, selbst wenn es einem gesagt würde: daß man von der Liebe nicht abbeißen kann und daß die finanzielle Sicherheit allemal das Leben mehr erleichtert als die tollste Verliebtheit.
Vielleicht wäre alles ganz anders gekommen, wenn sie damals einen anderen Mann geheiratet hätte. Bewerber gab es ja mehrere.
Frau Elvira lächelte jetzt auf ihrer Liege erinnerungserfüllt aus den weißen Tüchern heraus.
Ach ja, da waren einige Burschen, die sich damals ernsthaft um sie bemüht hatten.
Was wäre wohl geworden, wenn sie statt ihres kleinbürgerlichen Robert vor dreißig Jahren den Fabrikantensohn Rüdiger Kleemann geheiratet hätte?
Der hat sicher später die Fabrik geerbt und konnte seiner Frau bestimmt alles bieten, was mit Geld zu erreichen war. Und das ist doch beinahe alles! – Da hätte sie wohl ein großes Haus führen können und nicht knausern müssen. Zweifellos gäb' es da eine Schar Bediensteter zu befehlen, statt daß man selber Knöpfe annähen müßte, wie sie bei ihrem Robert, wenn sie abends müde aus dem Bürodienst heimkam. – Na ja, sie hatte eben damals an-

ders gewählt. Nur, wenn man viel Zeit hat, wie hier in den Kurpausen, dann fragt man sich doch einmal: Was wäre gewesen, wenn . . . ?
Immerhin, er war ein kräftiger, breitschultriger junger Mann gewesen, dieser blonde Rüdiger Kleemann. Er hatte ihr reichlich nachgestellt damals. Wer weiß, wenn sie ihn genommen hätte?
»Die Zeit ist um! Wir dürfen uns anziehen, Frau Klaiber!« meldete die betreuende Hilfskraft zur Kabinentüre herein. »Bis morgen, wieder um 9 Uhr 30. Auf Wiedersehen!«
So war Frau Elvira Klaiber aus ihren Erinnerungen und verträumten Überlegungen zurückgeführt in die nüchterne Wirklichkeit. Der junge Rüdiger Kleemann versank in der Vergangenheit wie alle Erwägungen: Was wäre geworden, wenn . . .?
Elvira stellte mit einem Blick auf die Uhr fest, daß es schon bald Zeit wurde für das Mittagessen.
Schnell aufs Zimmer, umkleiden, Haar und Make-up restaurieren, und schon erklingt der willkommene Essensgong.
Im Speiseraum bat eine sympathische Frau, an ihrem Tisch Platz nehmen zu dürfen. Sie habe bemerkt, daß bei ihr noch ein Platz frei sei. Elvira Klaiber meinte nur: »Aber gerne, bitte!«
Während des Essens plauderte sich dann die neue Tischgenossin einige Sorgen von ihrem Herzen: »Wissen Sie, ich saß dort drüben am fünften Tisch in der Fensterreihe. Aber mein Partner war einfach unausstehlich. So was von einem Pedanten habe ich noch nicht erlebt. Dazu kleinlich und geizig, geradezu krankhaft! Es war mir äußerst unangenehm, wie der das wirklich bemühte Personal schikanierte. Einfach ein Ekel von einem Fettsack! Und wie dieser Mensch alles in sich hineingiert! Kostet ja nichts, sagte er immer. Ich weiß nicht, wer dem die Kur finanziert. Der konnte einem wirklich jede Freude am Essen vergällen. Schauen Sie sich nur sein Benehmen am Tisch an. Direkt skandalös!«
Um dem Wunsch der sichtlich entrüsteten, aber sonst recht interessanten Tischpartnerin ein wenig nachzukommen, richtete Elvira ihren Blick unauffällig zum fünften Tisch der Fensterreihe. Sie sah dort einen stiernackigen Glatzkopf, der gerade die Kirschkerne aus dem Nachtisch-Kompott von sich spuckte.

Wirklich ein unmögliches Benehmen, und tatsächlich keine vergnügliche Visage!
Leise, wie zu sich selber, sagte Elvira: »Ich weiß nicht – einen Augenblick dachte ich fast, daß ich diesen Menschen schon einmal gesehen habe, irgendwo anders. Wissen Sie vielleicht, wie er heißt?«
»Natürlich, er ist kein armer Mann, soll ein reicher Fabrikant sein, das Ekel. Sein Name ist Rüdiger Kleemann. – Wundert mich gar nicht, daß seine Frau, wie ich gehört habe, Selbstmord begangen hat!«
Da war Elvira Klaiber sehr blaß geworden und für den Rest der Mahlzeit doch sehr schweigsam. Sie hing ihren ernsten Gedanken nach.

Als Robert Klaiber am folgenden Sonntag seine Frau am Kurort besuchen kam, wurde er umhalst und mit Küssen empfangen. Er war förmlich überrascht, und mit schelmisch lachenden Augen meinte er: »Na, Elvira, du bist ja der reinste Sonnenschein in Person! Die Kur hat dich ja ganz verändert. Oder ist daran vielleicht gar ein männlicher Kurschatten schuld?«
Doch seine Frau antwortete mit ernstem Gesicht: »Wo denkst du hin, Robert! Im Gegenteil, ich hab' hier etwas Wichtiges gelernt, und es sind sogar einige Schatten, die ich oft zu sehen glaubte, verflogen!«
Darüber freute sich Robert Klaiber sehr, und er nahm aus seinem mitgebrachten Paket etwas unbeholfen zwei Dinge heraus. »Da, meine Gute, habe ich dir ein paar Pralinen mitgebracht und meine Strickjacke, von der sich fast zwei Knöpfe lösen. Vielleicht kannst du sie mir festnähen, bitte!«

Der unbeliebte Gast

Nun, bei der Kur soll's wie im Leben
auch unbeliebte Gäste geben.
Auf daß sie aber selten bleiben,
will ich so einen Typ beschreiben.

Er tritt so auf, daß alles schaut,
benimmt sich ziemlich frech und laut,
verlangt und fordert unbescheiden,
kann dies und jenes hier nicht leiden,
gibt an als Trinker und als Esser,
bei ihm zu Haus wär' alles besser.
Er muß rein über alles meckern,
die Tischdecke mit Wein bekleckern.
Er hält sich nicht an die Diät,
und zum Masseur kommt er zu spät,
nennt alle Mädchen forsch »Mein Schatz«,
macht jeden Abend wo Rabatz,
denkt einzig ans Vergnügen nur
und nicht an Sinn und Zweck der Kur.
Sucht Nachtlokale erster Klasse,
die Kur bezahlt ihm ja die Kasse!

Und wandert er gar durch die Fluren,
trifft man auch dort auf seine Spuren.
Er hält sich auch nicht an die Wege,
kommt Forst- und Landwirt ins Gehege,
Papiere wurden weggeschmissen,
auch Obst vom fremden Baum gerissen,
nicht selten gleich mitsamt dem Ast.
Das alles tut der schlechte Gast!
Und dieser Typ verzichtet auch
nie auf Vergnügen, Schnaps und Rauch,
beklagt sich hinterher sogar,
daß seine »Kur« erfolglos war,
womit er andre irritiert,
den Badearzt dumm kritisiert
und alle Schuld dem Kurort gibt. –
Das ist der Gast, der unbeliebt!

Doch du, der diesen Vers gelesen,
bist nie, *nie* so ein Gast gewesen!

Tausendfach

Tausend rote Rosen blühen –
tausend kleine Brünnlein sprühen! –
Steinfigürchen, mit und ohne,
zieren fein die Kurpark-Zone.

Tausend Bienchen summen mit
mit Frau Piefke, Schulz und Schmidt,
wenn das Kurkonzert erklingt
und so mancher Busen schwingt.

Tausend Takte Nostalgie,
Omas Lieblingsmelodie,
für die Meier, Schmidt und Schulzen,
unbeschreiblich süße Schnulzen!

Tausend rote Rosen blühen,
tausend rote Nasen glühen,
wie seit hundert Jahren schon!
– Sommer-Kurpark-Impression!

Erfrischend

Meistens im Kurpark zu entdecken
ist auch ein Kneippsches Fußplanschbecken.
Knietief steht dort das Wasser nur
zur öffentlichen Waden-Kur,
die mancher Kurgast völlig meidet,
der andre wieder gern durchleidet.

Hier zeigt sich oft, naiv und lieb,
der Mensch und sein Nachahmungstrieb.
Wagt's einer erst mit Energie
und macht sich frei bis übers Knie
und watet in die kühle Flut
und ruft vielleicht: Oh, das tut gut! –,
so folgen ihm auch kurzentschlossen
noch andre schlaue Kurgenossen.
Sie staksen dann im Knöchelbad
so wie die Störche im Salat,
und weil dort Damen Röcke raffen,
sieht man auch alte Herren gaffen,
denn raffen jene mal zu sehr,
dann sieht man noch ein bißchen mehr.
– So bietet sich dort leicht kokett
des Kurorts heiterstes Ballett.
Womit erneut bewiesen wäre
die Pfarrer-Kneippsche Riesenlehre:
Ein Bad im kalten Wasser tut
den Beinen und den Augen gut!

Die braven Radfahrer

Ob Fitneß-Training, als Idee,
oder Belastungs-EKG –
die Braven auf den Tretmaschinen,
sie trampeln mit dem Fleiß der Bienen,
was sie zum wilden Schwitzen treibt,
bis ihnen fast die Luft wegbleibt.

Weil ich, befreundet mit dem »Boß«,
das Bild nicht unbedingt genoß,
frug ich den Chefarzt doch gezielt,
weshalb er das so oft befiehlt.
Und da verriet er ganz am Rand
mir hinter vorgehaltner Hand:

Die Sache hat schon ihren Grund!
Ist für die Radfahrer gesund,
und – sie betreiben mir privat
mein kleines Notstrom-Aggregat.
Dadurch gelingt es mir seit Jahren,
viel von der Stromrechnung zu sparen!

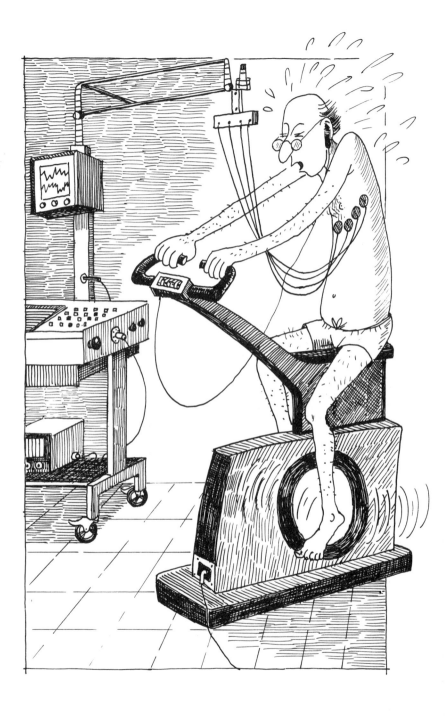

Gemischte Sauna

Ein Mensch, den man leicht so beschreibt:
nicht mehr ganz jung und wohlbeleibt,
will seine schadhafte Figur
verbessern mittels Badekur,
wozu er, was man auch versteht,
in die gemischte Sauna geht.
Dort führt er dann im schwülen Dampf
mit anderen denselben Kampf
gegen die heißgehaßten Pfunde
in schweißgetränkter Sauna-Runde.
Da sieht er sie nun alle sitzen,
mit ihren fetten Bäuchen schwitzen
in Evas oder Adams Tracht
so manche pralle Fleischespracht.
Der Mensch, den Bilder nicht entzücken
von Speck und schweißbedeckten Rücken,
von Wangen, mit und ohne Bart,
von Hängebacken jeder Art,
ob Fettwanst oder Hängebrust –,
der Mensch verläßt nun selbstbewußt
die Sauna, von dem Trost gestärkt,
den er sich für sein Leben merkt:
Es hat wohl jeder, sozusagen,
sein Sorgen-Ränzlein rumzutragen,
und viele tragen daran schwer
und manche schwerer noch als er.

Der Wassertreter

Herr Gustav Albert Rasselpeter
war ein beherzter Wassertreter,
der jeden Morgen ungetrübt
schon barfuß seinen Sport geübt.
Wenn andre sich im Bett noch wälzen,
sah man ihn schon im Rasen stelzen
voll Heldenmut und Energie,
mit bloßen Beinen bis zum Knie.
So, glaubte er aus gutem Grund,
hält man sich fit und kerngesund
und wird, im Wechsel, heiß mit kalt,
ganz sicher hundert Jahre alt.

Doch andrerseits soll's Fälle geben,
da kommt so mancher schnell ums Leben.
Ein Schiff zum Beispiel ist versunken
und alle Leute sind ertrunken,
was deshalb so fatal verlief –:
Der Grund des Meeres war zu tief!

Auch Rasselpeter saß im Boot
und ist ertrunken – mausetot!
So wird er jetzt im Himmel schwören,
was wir als ernste Lehre hören:
Daß Wassertreten sehr gesund ist,
nur, wenn dazu ein guter Grund ist.

Ausbrecher

Es war in einer Waldgaststätte,
wo ich das nie erwartet hätte –
denn still und friedlich ganz und gar
saß hier so manches Liebespaar,
um von der Zukunft süß zu träumen
bei einem Imbiß unter Bäumen.
– Nur eine Gruppe, sechs Personen,
so keck, als würden sie hier wohnen,
benahm sich laut als wüste Zecher.
Sie schlemmten wild, stemmten die Becher.
Weil sie sich so voll Essen stopften
und ziemlich freche Sprüche klopften,
die manchen störten, hier im Kreise,
fragte ich die Bedienung leise:
»Die haben wohl mit vollem Mund
zum Feiern einen tollen Grund?«
– »O nein«, raunt sie mir da ins Ohr,
»das ist vielmehr Galgenhumor!
Sie müssen wissen, die sechs Zecher
sind Ausbrecher! – Jawohl, Ausbrecher!«

Da stutze ich und sage schnell:
»Die wirken gar nicht kriminell,
mehr bürgerlich – o nein, o nein,
Ausbrecher können das nicht sein!«
»Und doch!« sagt die Bedienung nur,
»die sind zum Abspecken auf Kur
im nachbarlichen Badeort
bei härtestem Diätplan dort –
und plötzlich brechen manche aus
und wandern bis in unser Haus,
sehr oft gepaart als Mann und Frau –
wir kennen diesen Typ genau!
Die essen dann vergnügt und munter
die Speisekarte rauf und runter!
Die sind für uns die besten Zecher,
die fröhlichen ›Diät-Ausbrecher‹!«

Die Ursache

Gar mancher Mensch zürnt dem Geschick,
weil er zu schwer ist und zu dick.
Indessen dürft' er lediglich
mit Recht erzürnt sein über sich.

Denn jede Überzahl an Pfunden
ist nicht vom Schicksal aufgebunden,
ist von uns selbst, genußbesessen,
gewissermaßen – angefressen!

Die Abhilfe

Übergewicht! In dieser Not
ist Fasten wichtigstes Gebot.
Denn alles andre, auch der Sport,
zaubert die Pfunde doch nicht fort.

Zwar sollte viel Bewegung sein,
reicht aber dennoch nicht allein.
Besser als jedes Turngerät
hilft eine strenge Kur-Diät!

Freitag, der 13.

Engelbert Schätz war in keiner Weise abergläubisch. So störte es ihn auch absolut nicht, daß man Freitag, den 13. Mai, schrieb, als er seine Reise antrat. – »Reise« war vielleicht ein zu großes Wort. Es handelte sich halt um eine längere Fahrt mit dem Wagen. Na, so zweihundertfünfzig Kilometer Autobahn mußte er schon zurücklegen bis zu dem Badeort, an dem seine Frau Gabriele seit drei Wochen zur Kur weilte.

Gabylein war ein süßer Backfisch gewesen, als er sich um sie bewarb, und er konnte nicht ahnen, daß sie die Erbanlagen eines Walfischleins in sich trug. Wenn Gabriele in den zwanzig Jahren ihrer gemeinsamen Ehe so sehr zugenommen hatte, trug Engelbert vielleicht selber etwas Schuld daran. Er hielt viel von gutem Essen und brachte auch seiner lieben Frau gerne Süßigkeiten mit. Wenn er gewußt hätte, daß es nach zwei Jahrzehnten ein Vielfaches kosten würde, die zu Fettpolsterchen verwandelten Pralinés wieder wegzuschaffen, dann hätte er ihr lieber öfter mal Blumen geschenkt.

So aber waren die Eßlust der fülligen Gabriele und ihre schnukkeligen Pfunde allmählich doch eine ernste gesundheitliche Belastung geworden.

Reduktionskur! verordnete der Arzt, und Frau Gabriele wurde also für sechs Wochen in jenen Badeort verbannt, wo man sich an Salatblättern und Brennesselspitzen ergötzen durfte. Dazu wurde man verlockt, man konnte auch sagen, gelinde erpreßt zu Turnübungen, Schwimmen und Wandern.

Ihr Ehemann, Engelbert Schätz, der, wie wir wissen, überhaupt nicht abergläubisch war, hatte ihr eine eilige Postkarte gesandt und darauf seinen Besuch für Freitag, den 13. Mai, angesagt. Er wußte nicht, daß »post« auf lateinisch »nach, hinterher« heißt. Also die Post war wieder einmal nachzüglerisch, und Frau Schätz hatte die allerliebste Nachricht ihres Mannes noch gar

nicht erhalten. Sie rechnete überhaupt nicht mit seinem Besuch, und er konnte sie im Kurheim nicht antreffen.
Seine Nachfragen im ganzen Haus führten aber schließlich doch zu einem Ergebnis. Da war jene bitter-säuerliche Altjungfer, die ihre Ohren wie Rhabarberblätter aufstellte und durch ihre brennglasblitzenden Augengläser alles und jeden bespitzelte. Sie gab urplötzlich Laut und bellte zum besorgt umfragenden Engelbert Schätz: »Frau Schätz ist heute wieder zum Wandern!«
– »Aha«, antwortete der forschende Ehemann und erkundigte sich weiter: »Wissen Sie vielleicht zufällig auch, in welcher Richtung meine Frau gewandert ist?«
Und siehe da, die giftige Beobachterin konnte sogar ein Lächeln nachahmen, wenn dieses auch den Charme einer Kreuzspinne hatte: »Natürlich! Nach Grünbach, wohin sie immer wandert!«
Herr Schätz wunderte sich, warum sie dazu ihre grünlichen Zähne zeigte. Aber dann fragte er noch, wie weit es nach Grünbach sei, wie lange man dorthin marschiere.
»Eine Stunde – oder zwei – ! Das kommt ganz darauf an, ob man allein geht oder zu zweit!«
Engelbert verstand nicht ganz und fragte nach: »Weshalb soll es, wenn zwei marschieren, so viel schneller gehen?« – »Nicht schneller«, betonte die Kreuzspinne. »Die zu zweit wandern, brauchen doppelt so lange. Sie müssen ja immer Pausen einlegen. Hhm!« Nach diesem Hüsteln zeigte sie wieder ihre Grünspanzähnchen.
Engelbert Schätz, der solche Rechnungen mit zwei Unbekannten nicht beherrschte, entschloß sich einfach, selbst nach Grünbach zu wandern, in der Hoffnung, seiner schlanker gekurten Gaby irgendwo zu begegnen.
Er hatte nicht bedacht, daß es Freitag, der 13., war. – Er begegnete manchem Wanderer, jedoch nicht seiner Ehefrau Gaby. So gelangte er gegen 13 Uhr nach Grünbach.
Ein wirklich idyllisches Dörflein mit einer einzigen, schmuck aufgemachten Ausflugsgaststätte, die einen sehr eigenartigen Namen trug. Über dem Eingang prangte die rebenumrankte Schrift: »Waldgaststätte *Zum Ausbrecher*«.

Die Stundenwanderung und die Maienlüfte hatten doch etwas Durst gemacht, und so beschloß Herr Schätz, obwohl er seine Gabriele nicht unterwegs getroffen hatte, eine kleine Rast und Stärkung zu genießen, bevor er den Rückweg antreten wollte.
Als er den Gastraum betrat, umfing ihn sogleich eine wirklich stimmungsvolle Atmosphäre. Das Lokal war gut besetzt mit fröhlichen Zechern.
Aber da trafen ihn zwei Schicksalsschläge, wie sie eben nur an einem Freitag, dem 13., ausgeteilt werden:
Noch während er am Eingang der Gaststube nach einem freien Tisch Ausschau hielt, erblickte er *sie*. Seine Frau auf Fastenkur! Mit prallroten Backen vertilgte sie gerade ein üppiges Eisbein mit Kraut und Knödeln, und neben ihr saß ein ebenfalls kauender Kavalier, der zu ihr gönnerhaft hinschmatzte: »Na, Schätzlein, schmeckt's dir heute wieder?«
Engelbert wollte nach kurzer Sprachlosigkeit gerade die paar Schritte hinzutreten und dem Schlemmerpärchen seine wütende Aufwartung machen, als ihn ein zweiter Schicksalsschlag lähmte. Von einem Nachbartisch, spontan herangeeilt, umhalste ihn eine üppige Frauensperson. »Mensch, Engelchen, wie kommst denn du hierher! So eine tolle Überraschung!« flötete eine ihm sehr bekannte Stimme.
Engelbert Schätz war wie vom Schlage gerührt. Die ihn da so herzlich unbefangen abküßte, war seine ehemalige Sekretärin Lilo, die er vor zwei Jahren schweren Herzens entlassen hatte, um seine Ehe nicht weiter zu gefährden.
Blitzartig wendete er sich vom Tisch seiner Frau weg und zischte seiner einstigen Untergebenen zu: »Was fällt dir denn ein? Ich bin doch nicht allein hier!«
Zum Glück war seine fastende Ehefrau Gabriele derart in ihr Eisbein »vertieft«, daß sie die Szene überhaupt und auch ihn, Engelbert, noch gar nicht wahrgenommen hatte.
So konnte er die ehemalige Mitarbeiterin Lilo noch geschickt verabschieden und dann so taktvoll am Tisch seiner Frau vorbeigehen, daß sie ihn zuerst sehen und sich kurz darauf einstellen konnte. Als er dann, umkehrend, wieder den Ausgang ansteu-

erte, »entdeckte« er mit großer Überraschung seine liebe Frau. Sie stellte ihm auch ihren Tischnachbarn vor. Der scheinheilige Patron von einem Kurschatten sagte jetzt auch im Gespräch »Frau Schätz« zu ihr und nicht mehr »Schätzlein« wie zuvor. Andererseits hatte Engelbert nicht mehr den freien Mut, seiner Frau Vorwürfe des üppigen Essens wegen zu machen. Er mimte Wiedersehensfreude. Aber es fiel ihm ein, daß sie niemals »Engelchen« zu ihm gesagt hatte, im Gegensatz zu Lilo.
Da verabschiedete sich plötzlich der blöde Kerl, den sie als Kurgenossen vorgestellt hatte, mit der dümmlichen Schlußfloskel: »Also, bis demnächst, wieder beim Schwimmen, Frau Schätz! . . .«
Gabriele hingegen betonte ein ums andere Mal: »Nein, so eine Überraschung! Warum hast du denn nicht vorher angerufen? Dann wäre ich doch nicht weggegangen!« Dabei lag ein Anklang von Mißtrauen in ihren Worten.
Engelbert aber meinte, nachdem er sich vorsichtig umgesehen hatte, ob Lilo auch wirklich das Lokal verlassen hatte: »Macht doch nichts! Hauptsache, daß wir uns so nett getroffen haben! – Gut siehst du aus!«
Eigenartigerweise lag trotz des schönen Maientages eine gewisse Gespanntheit über all diesen Begegnungen.

Postskriptum:
Man unternimmt solche Eskapaden einfach nicht an einem Freitag, dem 13. – !

Erholung

Wer trampelt fest durch Wald und Flur?
Es ist ein Gast auf seiner Kur.
Natürlich kommt er nicht allein,
er stellt sich prompt im Rudel ein,
um auch die Kur in Wald und Wiesen
in vollen Zügen zu genießen.
Da wird gequasselt, laut gelacht
und soviel Jux und Lärm gemacht,
daß, was der Spaßvogel nicht sieht,
sogar das Wild vergrämt entflieht.
Weil nichts die tolle Laune trübt,
wird auch das Jodeln noch geübt,
was leider, allzuoft gehört,
des Waldes Ruhe ernsthaft stört.
Zurückgekehrt, setzt man im Ort
die freche Ausflugslaune fort,
um in den langweiligen Gassen
endlich die Sau vom Strick zu lassen,
wie man im Waldgasthaus beschlossen,
wo man zuviel vom Wein genossen.

Was Wunder, daß die Unglücksraben,
die Arbeit hier und Wohnort haben,
als fest entschlossen sich erweisen,
im Urlaub möglichst zu verreisen,
nach Frankreich, Irland oder Polen,
um sich vom Kurgast zu erholen!

Kommt Zeit, kommt Rad

Ein Kurort, der was auf sich hält,
verleiht auch Fahrräder für Geld
an seine braven, hoffnungsvollen
Kurgäste, die gern strampeln wollen.
Die mieten dann, früh oder später,
begeistert die Gesundheitsräder,
um ihren Kreislauf anzufeuern
bei luftbereiften Abenteuern.
Doch manchem wohlbeleibten Mann
und mancher Mama sieht man's an,
daß sie seit vielen, vielen Jahren
nicht mehr auf einem Rad gefahren.
Mit blassen Waden, weißen Händen,
heimkehrend dann mit Sonnenbränden,
Schultern und Kopf gerötet, wild,
bereichern sie das Straßenbild.

Dem Autofahrer sei indessen
geraten, niemals zu vergessen,
zu solchen Kur-Radler-Gestalten
gesunden Abstand einzuhalten.

Wunder

Herr Liebhart, kränklich von Natur,
begab sich endlich mal in Kur,
weil seine Wirbel nicht so wollten,
wie sie zur Arbeit dienstlich sollten.
Er ließ sich baden und massieren,
um seinen Rücken zu kurieren.
Er ließ sich kneten, hängen, strecken,
sich bis zum Hals mit Moor bedecken.
Doch nirgendwo ein Hoffnungslicht,
die Bandscheiben, sie *wollten* nicht.
Bis eines Tages, lobesam,
ein Kurschatten geflogen kam,
der dem Herrn Liebhart inniglich
gar nicht mehr von der Seite wich.
Der Kurgast fand das wunderbar,
weil jung und schlank der Schatten war,
ging eines Abends dann aufs Ganze,
mit seiner Schattenmaid zum Tanze.
Sie nutzte ihn bei viel Rabatz
als heilgymnastischen Ersatz
und wirbelt ihn, so wie die Keule,
um seine eigene Wirbelsäule.
Sie riß ihn hin, es riß ihn her,
er spürte keine Schmerzen mehr!
Herr Liebhart war, o welch ein Wunder,
seit diesem Tanz ein Kerngesunder!

Mitbringsel

Weil auch der schönste »Kurlaub« endet,
wird Geld und Geist gar sehr verwendet,
besonders um die letzten Tage,
auf die entsetzlich schwere Frage:
Was bringt man ihm, was nimmt man ihr
nach Hause mit als Souvenir?
Dinge, die's allerorten gibt,
sind eigentlich nicht so beliebt –
zu teuer darf es auch nicht sein,
auch nicht zu sperrig, lieber klein.
Das hat sie schon..., das paßt nicht sehr...,
so überlegt man hin und her
bis man, weil höchste Eile treibt,
ganz unversehens hängen bleibt
im wahrsten Sinn des Wortes
am dümmsten Kitsch des Ortes.
Ein Bambi-Reh mit »Grüßen aus...«,
ein winzig kleines Wetterhaus,
ein schlecht geschnitztes Wurzelmännchen,
die Steingut-Kuh als Sahnekännchen.
– O welch ein Schund! Du liebe Zeit!
Wer trägt die Schuld, daß weit und breit
der Souvenirkram niemals stirbt?
– Der Kurgast, der den Kitsch erwirbt!

Wagnis

Ein Ausländer war hier zur Kur
und wollte seine Koffer wiegen,
denn morgen reist er schon retour
und will die Strecke gerne fliegen.

Sein Deutsch war nicht besonders gut,
der kleine Wortschatz noch recht schwach.
So tut er, was der Kluge tut,
er schaut im Wörterbuche nach.

Dort findet er das Wort »die Waage«,
jedoch »ich wiege« und »er wiegt«.
O deutsche Sprache, welche Plage,
bis man die rechte Wortform kriegt!

Waage zum Wiegen, – wiege mit Waage –
so lernt nervös der arme Mann
und spricht am Postamt mit der Frage
die junge Schalterdame an:

»Mein Frollein, ich bald fliege –
deshalb ich muß Sie etwas fragen:
Haben Sie bitte eine Wiege?
Ich will bei Ihnen etwas wagen!«

Hochzeitsreise

Ein flottes Paar eilt freudig schnell
zur Rezeption im Seehotel.
Er, wohlbestallt, mit prallem Leib –
sie, sexy, tolles junges Weib.
Er wendet sich als Mann von Welt
an den Empfang, und er bestellt:
»Ein Doppelzimmer, Herr Portier,
first class, mit Bad und mit WC!
. . . Und lassen Sie vor allen Dingen
aufs Zimmer rote Rosen bringen«,
fügt er hinzu, vertraulich, leise,
»wir sind nämlich auf Hochzeitsreise!«

Verständig lächelt der Portier:
»Sehr wohl mein Herr, mit Bad, WC!
Sie haben Glück, wir sind noch frei,
ja, Zimmer acht, Etage drei!«
Doch wie er ihm den Schlüssel reicht,
vermeint er, daß der Gast erbleicht,
und dieser spricht, mit leichtem Schrecken:
»Ich ließ den Autoschlüssel stecken!
Ich sperr den Wagen schnell noch zu,
mein Schatz . . . ich bin zurück im Nu!«

Sie schaut liebreizend, etwas dumm,
und steht ein wenig hilflos rum.
Da kann sich der Portier einmischen:
»Oh, wenn Madame vielleicht inzwischen
die kurze Zeit sich so vertreiben,
den Meldezettel auszuschreiben?«

Sie nickt befreit und liest und schreibt,
bis sie ganz plötzlich steckenbleibt.
Da kommt in dem Moment zum Glück
ihr Partner ins Foyer zurück,
ein wenig atemlos, verlegen.

Sie aber ruft ihm laut entgegen:
»Ach, Herr Direktor Heidenreich,
wie war Ihr Vorname doch gleich?«

*Kur*iositäten

sowie die neuesten
und die ältesten Kur-Witze
für den Kurschatten!

Und ein paar Scherzfragen
zum Zeitvertreib.

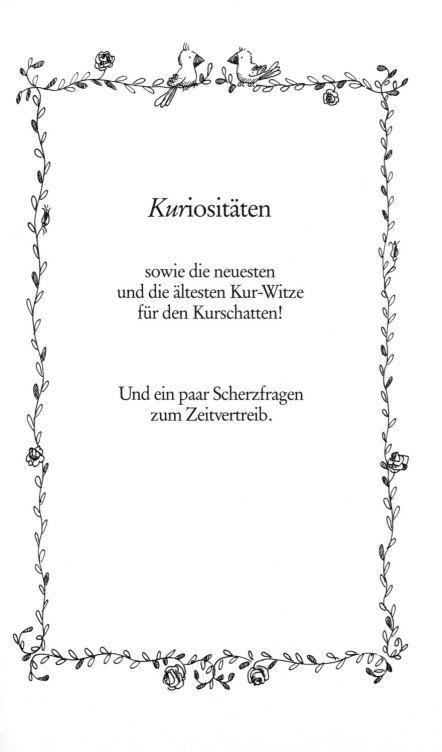

Der Unglücksrabe

In einem Provinzblättchen stand folgender Unfallbericht:

In einem kleinen Anwesen bei S. hörte der Landwirt G. nachts verdächtige Geräusche in der Schlafstube. Als er daraufhin aus dem Bett stieg, faßte ihm sofort etwas Naßkaltes unter das Nachthemd.
Entsetzt holte er instinktiv aus zu einem wuchtigen Rundschlag gegen den nächtlichen Angreifer. Doch seine Faust sauste durch die leere Luft mit solchem Schwung, daß sie schließlich im langen Eckspiegel der Schlafstube landete. Da inzwischen auch die Frau aus dem Schlaf geschreckt war und Licht anmachte, stellte sich heraus, daß der vermeintliche Einbrecher ein verschüchterter mittelgroßer Hund war, der sich auf ungeklärte Weise Zugang zum Haus verschafft hatte.
Aber durch den Schlag in den splitternden Spiegel hatte sich der Mann erhebliche Schnittwunden am rechten Unterarm zugezogen, die ziemlich heftig bluteten.
Nachdem die Frau den Hund verjagt und ihren verletzten Mann notdürftig verbunden hatte, ging sie daran, die gräßlichen Blutflecken von Möbeln und Fußboden zu entfernen. Weil sie mit solchen Flecken keine Erfahrung hatte, versuchte sie es auch mit Waschbenzin. Die gesamten benzingetränkten Lappen beseitigte sie hinterher, indem sie das Zeug in die Grube des altmodischen, auf dem Hof stehenden Aborthäuschens warf.
Infolge der Aufregung dieser Nacht und weil er wegen der schmerzenden Schnittwunden keinen Schlaf fand, verfügte sich der Mann etwas später auf das bewußte Häuschen. Während er dort das Nötige erledigte, zündete er sich zur Beruhigung seiner armen Nerven ein Zigarettchen an und warf das noch glimmende Streichholz, wie gewohnt, hinter sich in die Grube. Da schoß von dort eine gewaltige Stichflamme empor und versengte ihm die entblößten empfindlichen Körperteile.

Wie von Furien gehetzt, rannte der Ärmste über den Hof zurück ins Haus und die Treppe hinauf in das Schlafzimmer, wo er sich mit Wehgeheul auf sein Bett warf. Seine Frau wußte sich nun keinen anderen Rat mehr, als den Rettungsdienst zu alarmieren. Schnell kam der Notfallwagen, und zwei starke Sanitäter bemühten sich, den wehklagenden Mann aus seinem Schlafzimmer im ersten Stock zu holen.

Als sie den bäuchlings auf der Trage liegenden Verletzten über die enge, steile Treppe des alten Hauses abtransportierten, erzählte ihnen der Schwergeprüfte lebhaft den Hergang seiner unglaublichen Unfallgeschichte. Daraufhin bekam einer der beiden Sanitäter einen solchen Lachkrampf, daß ihm die Bahre entglitt und er den Patienten die steile Treppe hinunterpurzeln ließ, wobei sich der Unglücksrabe nun noch den linken Arm brach.

Kurz berichtet

In einem kleinen Dorf bei Ne. hatte sich ein Schmied mit seiner Ehefrau dermaßen auseinandergelebt, daß die Streitigkeiten der Eheleute allmählich ein unerträgliches Ausmaß annahmen.
Um dem untragbaren Zustand ein gewaltsames Ende zu bereiten, entschloß sich die Frau des Schmiedes eines Tages zur Tat: Während der Nacht schlich sie sich heimlich aus dem gemeinsamen Schlafzimmer. Sie holte sich aus der Werkstatt den allergewichtigsten Schmiedehammer und begab sich damit zurück ins Schlafgemach.
Vor dem Bett ihres Mannes holte sie aus und schlug den schweren Eisenhammer mit voller Wucht auf den Schädel ihres groben Mannes.
Der Schmied erwachte und war über die unfreundliche Art seiner Frau so erbost, daß er aufsprang und ihr mit bloßer Hand eine gewaltige Ohrfeige versetzte.
Die solchermaßen bestrafte Frau fiel dadurch so unglücklich nach rückwärts zu Boden, daß sie das Genick brach und auf der Stelle tot war.

In Nürnberg fiel ein drei Jahre altes Mädchen vom vierten Stockwerk eines Wohnhauses aus dem Fenster.
Der Körper des Kindes durchschlug die ausgestellte Sonnenschutzmarkise eines Obstgeschäftes und landete unsanft in einer Steige Kirschen.
Als man die vermeintlichen Blutmassen als Kirschsaft erkannt und abgewaschen hatte, stellte sich heraus, daß die Kleine den Sturz über vier Stockwerke fast unverletzt überstanden hatte.

In einem berühmten Badeort hatte sich der Kronprinz zur Kur eingefunden.
Natürlich meldete das Lokalblatt diese wichtige Nachricht mit großer Schlagzeile – leider mit einem häßlichen Druckfehler:
»Seine Königliche Hoheit, der Kornprinz, gibt unserem Bad die Ehre.«
Selbstverständlich hagelte es daraufhin Schimpf und Spott auf die örtliche Zeitung, und weil sogar von höchster Stelle gegen die Verunglimpfung des königlichen Titels protestiert wurde, beeilte sich die Redaktion, wie folgt zu berichtigen:
»Wir bedauern auf das tiefste den äußerst peinlichen Vorfall, Königliche Hoheit durch einen mißlichen Druckfehler als Kornprinz bezeichnet zu haben. Selbstverständlich sollte es Knorprinz heißen.«

»Wie kommst du mit deiner Schlankheitskur zurecht?« – »Geht prima voran – ich lese nicht mal mehr das Fettgedruckte in der Zeitung!«

Alpträume

»Stellen Sie sich vor, meine Frau träumte letzte Nacht, sie sei mit einem Millionär verheiratet!« – »Ach, haben Sie's aber gut! Meine träumt das am hellichten Tag!«

*

Der Wirt eines bayerischen Dorfgasthofes zeigt dem jungen Pärchen aus der Großstadt seine ländlichen Fremdenzimmer.
»Und was kostet der Saustall?« fragt der junge Mann ziemlich von oben herab. Darauf der alte Wirt seelenruhig: »Dreißig Mark, pro Nacht und Sau!«

... und die lieben Kleinen

»Aber Rüdiger, jetzt habe ich schon das dritte Mal nach dir gerufen! Was soll nur später einmal aus dir werden?« – »Kellner, Mami!«

Frau Schmidhuber fragt ihren Sohn: »Peterle, wo warst du denn so lange?«
»Herbert und ich haben Briefträger gespielt. Wir haben die ganze Siedlung mit Briefen versorgt.«
»So? Aber woher hattet ihr denn so viele Briefe?«
»Aus deinem Nachtkästchen, Mutti. Die beiden Pakete mit den rosa Schleifchen drumherum.«

Weil der Sohn ein Jahr vor seinem Abitur sehr schlechte Zensuren mit nach Hause brachte, machte ihm sein Vater heftige Vorhaltungen, und in seinem Ärger sagte er: »In deinem Alter war Napoleon schon General!«
»Und in deinem Alter war er Kaiser!« erwiderte der Junge.

Ein Lord war ein wahrer Meister des feinen Benehmens. Nach einem Streit mit seiner Frau verließ er würdevoll das Zimmer, ließ sich von seinem Diener Stock und Hut reichen und sagte: »Danke, John. Wollen Sie bitte die Tür hinter mir sehr laut zuknallen!«

*

Ein junger Ehemann berichtet: »Im ersten Monat unserer Ehe habe ich meiner Frau ein Buch geschenkt: ›Die Kunst zu sparen‹.«
Darauf sein Freund: »Na und? Hat das funktioniert?« – »Natürlich – ich rauche nicht mehr!«

Statt Schäfchenzählen

Falls Sie, lieber Kurgast, nicht einschlafen können, so mag das am Klimawechsel liegen oder an den ungewohnten Kuranwendungen wie Moorbad, Massagen, Schwefelquellwasser oder einfach am fremden Bett.
Für den Fall, daß dann die altbekannten Hilfsmittel wie Fernsehprogramm oder das uralte Schäfchenzählen nicht wirken, dann versuchen Sie es doch einmal so:
Bemühen Sie sich genau herauszulesen und nachzuzählen, wie oft in der folgenden idiotischen Geschichte die Buchstabengruppe KUR auftaucht:

Kurfürst Kurt wollte kurzfristig nach Kurland reisen, um dort in einer Kur seine Kurzatmigkeit zu kurieren. Anfänglich hatte er ja die Inselgruppe der Kurilen, östlich von Asien, für seinen Kurlaub ins Auge gefaßt. Aber da ließ ihn der Jäger aus Kurpfalz wissen, daß in jenem entlegenen Kurort die Kurtaxe geradezu skurril hoch sei, von kurzsichtigen Kurdirektoren hochgekurbelt.
Außerdem erhielt Kurfürst Kurt, der nach der Lehre des Philosophen Epikur lebte, von der päpstlichen Kurie in Rom ein Schreiben, von einem Kurier überbracht, des Inhalts, daß man es als kurios empfände, wenn er, Kurfürst Kurt, in seinen Kurlaub seine Kurtisane mitnähme. In solchem Falle würde man ihn kurzerhand unter Kuratel stellen.
Kurz und gut, Kurfürst Kurt erteilte seinem Kurprinzen über seine gesamten Besitzungen Prokura in Kursivschrift, um einem Konkurs seiner Firmen vorzubeugen. Dann kratzte er die Kurve und reiste per Kurswagen nach Kurdistan zu einer Roßkur. Und akkurat dort wurde er von einem Kurpfuscher mit Kurare getötet.
So endet der Lebenslauf von Kurfürst Kurt und diese idiotische Geschichte äußerst obskur.

Wenn Sie bis hierher noch nicht eingeschlafen sind und wissen möchten, ob Sie ganz richtig gezählt haben, so lesen Sie auf der Seite 91 nach – unter *Kurfürst Kurt*.

Ein paar Anekdoten

Zu einem Kranken, der unentwegt medizinische Bücher las und behauptete, sich ganz allein behandeln zu können, sagte der berühmte Berliner Arzt Dr. Herz: »Sie werden eines Tages noch an einem Druckfehler sterben.«

❋

Professor Robert Koch sagte einmal in einer Vorlesung: »Wenn Sie einen Arzt hinter dem Sarg eines Patienten hergehen sehen, so haben Sie den seltenen Fall vor Augen, wo die Ursache hinter der Wirkung kommt.«

❋

Eine hübsche Frau betrat eine Apotheke und kaufte eine Münze für den Wiegeautomaten. Sie bestieg die Waage, war aber wenig befriedigt von der Gewichtsanzeige und verlangte eine zweite Münze, nachdem sie ihren Pelzmantel abgelegt hatte. Aber wieder genügte ihr das Ergebnis nicht. Nun zog sie ihr Jackett und die Schuhe aus und verlangte eine dritte Münze. Daraufhin reichte ihr der Apotheker eine Handvoll passender Münzen hin und sagte lächelnd: »Von jetzt an brauchen Sie die Münzen nicht mehr bezahlen!«

❋

Zwei geistreiche Pariser Herren speisten zusammen in einem vorzüglichen Restaurant. Meinte der eine: »Sehen Sie, es gibt doch nichts Angenehmeres als ein gutes Essen. Aber was wird anderswo manchmal dem Gast vorgesetzt! Ich möchte steif und fest behaupten, daß es die *miserablen* Köche sind, die den Ärzten die Hälfte ihrer Patienten liefern.«
»Ja, sicher«, stimmte sein Tischpartner ein. »Aber es sind die *guten* Köche, die ihnen die andere Hälfte liefern.«

❋

In der Zeitung einer amerikanischen Kleinstadt stand folgender Aufruf:
»An alle Damen unserer Stadt! Nächsten Sonntag findet eine große Wohltätigkeitsveranstaltung statt. Stellen Sie uns alle Ge-

genstände zur Verfügung, für die Sie keine Verwendung mehr haben, die aber andere immer noch glücklich machen können. Bringen Sie auch Ihren Gatten mit.«

*

Ein Schausteller erfuhr, daß in einem Gebirgsdörfchen ein Mann mit drei Köpfen lebe, einem auf dem Hals, die anderen zwei auf den Schultern links und rechts. Sogleich bemüht sich der Schausteller, den Mann telegraphisch zu sich zu bestellen und sagt ihm Ersatz der Reisekosten und eine enorme Gage zu.
Überraschend schnell erhält er die Antwort über Telegraph: »Eintreffe morgen. Bitte am Bahnhof abholen. Bin leicht zu erkennen. Werde rote Nelke im Knopfloch tragen.«

*

An der eleganten »Tafel für besondere Mitteilungen« in der Halle einer Schönheitsfarm, die für ihre rabiate »Reduktionskost« bekannt war, fand sich eines Tages ein großer Zettel mit dem Hilferuf:
»Laßt mich doch bitte wieder fett sein!
Es kann nicht jede beim Ballett sein!«

*

Eine reife Ehefrau beklagte sich: »Mein Mann ist wie der Mond! – Einmal nimmt er zu – dann nimmt er wieder ab – zwischendurch ist er voll!«

Kurfürst Kurt:

Die Buchstabengruppe KUR kommt in der total verrückten Geschichte genau fünfundvierzigmal vor. Vielleicht müssen Sie noch einmal nachzählen. Falls nicht, sind Sie ein Genie und dürfen jetzt beruhigt einschlafen. – Gute Nacht!

Direkt zum Wiehern!

Herr Albin Schimmel, ein reinrassiger Hannoveraner, war zur Kur in Süddeutschland. Da lernte er eine gewisse Frau Traber kennen, die ihm sehr gut gefiel, schon weil sie eine reizende Ponyfrisur trug.
Leider wurde sie ihm von einem Herrn Rappe aus Hengstenberg als Kurschatten abgeworben.
Aber er tröstete sich bald mit einem Fräulein Rössle. Sie war Sekretärin in Stuttgart bei einer Firma »Klepper und Wallach«.
Die temperamentvolle Blondine ließ ihr volles Haar in einen wallenden Pferdeschwanz auslaufen.
Herr Schimmel bewohnte gemeinsam mit ihr die Kurpension »Zum Fiaker«. Ihre Zimmerwirtin, Frau Kutscher, äußerte eines Tages zu ihrer Mitarbeiterin, Frau Hufnagel: »Das blonde Rössle hält den alten Schimmel ganz hübsch an der Kandare und bringt ihn tüchtig auf Trab!«
Und Herr Schimmel war wirklich in Gefahr, sich zu vergaloppieren.
Als er nach sechs Wochen Kur wieder zu Hause ankam, hatte er glatt zehn Pfund abgenommen und meinte zu seiner Frau ziemlich erschöpft:
»Also, das war die reinste Roßkur!«

Ein paar Scherzfragen
(für den Kurschatten)

Zwei Männer, Vater und Sohn, engagieren gemeinsam eine bildhübsche Haushälterin.
Der Sohn war 25 und unverheiratet, der Vater 52 und verwitwet.
Nach neun Monaten können die beiden Männer mit vollem Recht zueinander sagen: »Mein lieber Bruder!«
Was war inzwischen geschehen?
Die bildhübsche Haushälterin hatte so miserabel gekocht, daß die beiden Männer aus Verzweiflung ins Kloster gegangen sind.

Wie weit kann ein starker, großer Hund in einen Wald *hinein*laufen?
Immer nur bis zur Mitte des Waldes! Denn von dort an läuft er ja wieder *hinaus*!

Kennen Sie den Unterschied zwischen einem Tropenarzt und einem Kapuziner?
Der Tropenarzt hat ein Heilserum und der Kapuziner hat ein Seil herum.

Provokation

Ein Mann, der wahrlich fromm und gut
und keiner Fliege etwas tut,
erkrankt am Auge fürchterlich
nach einem bösen Mückenstich.

Der Mann, der einstens fromm und gut,
ist nun verstört und auf der Hut
und hält sich ferner jedenfalls
die kleinen Tierchen gern vom Hals.

Und doch wird er, der nichts verbrochen,
bedrohlich in den Mund gestochen
von einer Wespe, die er aß,
weil sie auf seinem Kuchen saß.

Der Mann, der früher fromm und gut,
wird jetzt erfaßt von heller Wut
und hat, dem Tode knapp entronnen,
auf rohe Rache sich besonnen.

Er drischt nun künftig, so gescheucht,
auf alles, was da kreucht und fleucht.
Was wieder einmal mehr beweist
die kleine Lehre, die da heißt:

Durch viele kleine böse Stiche
wird auch der friedlich Brüderliche
so ganz allmählich Stück für Stück
zur Bestie . . . und haut zurück!

Die Modenschau

Es gibt in jedem Kurort fast
für den verehrten Badegast
– ob Herr, ob elegante Frau –
die ambulante Modenschau.

Da werden dann, wie sich's gebührt,
tragbare Moden vorgeführt –,
doch zwischendurch mit höchstem Schick
auch manches raffinierte Stück.

Wer dann zum Einkauf Lust verspürt,
ist oft vom Mannequin verführt.
So möchte ich der Kundin eben
hier kundig meinen Hinweis geben.

Im Anblick all der Top-Modelle
bedenken Sie auf alle Fälle,
was manche Kundin leicht vergißt,
die sich spontan zum Kauf entschließt:

Die Maße jener Vorführdamen,
die hier zu Lob und Beifall kamen,
die werden dann beim Kauf der Kleider
nie gratis mitgeliefert, leider!

Halbe Portion

Ein Mann,
der nichts von Frauen hält,
versäumt das Schönste
auf der Welt.
Doch haben,
das sei eingeräumt,
die Frauen nichts
an ihm versäumt.

Halbe Wahrheit

Ein Weib,
das herbe Eide schwört,
es habe
keinen Mann erhört,
hat listig
nicht dazugesagt,
es hab' auch
keiner angefragt.

Gutbürgerlicher Mittagstisch

Vater mit Söhnchen, aufgeweckt,
auf Reisen in ein Gasthaus geht,
wobei der Sohn ein Schild entdeckt,
das er zwar liest, doch nicht versteht.

Und ungeniert vor allen Leuten
fragt er den Vater frei und frisch:
»Vati, was soll denn das bedeuten –
gutbürgerlicher Mittagstisch?«

Der Vater, der sich wie so häufig
zu kleinliche Erklärung spart,
meint zu dem Jungen, so beiläufig:
»Ach, das ist eine Werbungs-Art.

Gutbürgerlich, das sind wir alle,
und dieses Schild sagt einfach aus:
Das Essen schmeckt hier, in dem Falle
wie bei der Mutter, wie zu Haus.«

Da sagt der Bub, mit Zungeschnalzen
und ziemlich laut und penetrant:
»Aha! – Also einmal versalzen
und einmal richtig angebrannt!«

Ärztlich verordnet

»Das hat doch alles keinen Sinn!« sagte Fritz Körber, während er sein Hemd wieder zuknöpfte. Aber da widersprach ihm der Arzt, der ihn soeben untersucht hatte. »Mein lieber Fritz! Nun sind wir alte Schulfreunde und mögen uns seit vierzig Jahren gut leiden. Aber wenn ich dir als Arzt sage, daß du nicht organisch krank bist, dann hast du kein Vertrauen zu mir!« Daraufhin meinte der Patient bitter: »Zu dir hab' ich schon Vertrauen, aber nicht zu meinem alten Körper und schon gar nicht zu diesem sinnlosen Leben!«

»Na siehst du, alter Hypochonder, das ist dein Hauptproblem!« redete ihm der Freund im weißen Arztkittel dagegen. »Du hast keinen Lebensmut mehr! Dir fehlt der Aufschwung, die Freude! Die kleinen Unstimmigkeiten am Herzen, die du beklagst, das sind keine gefährlichen Symptome. Sowas spürt man halt in unserem Alter. Aber diese kleinen Unregelmäßigkeiten lassen sich durch Medikamente und geeignete Maßnahmen ausgleichen!«

»Glaubst du wirklich?« fragte Fritz Körber, halb ungläubig, halb hoffend.

»Aber natürlich, Fritz! Wir müssen nur das Richtige tun! – Seit dich deine liebe Frau vor vier Jahren für immer verlassen hat, läßt du dich schrecklich gehen, verzehrst dich in deiner Trauer. Das Leben nimmst du als Last, der Beruf ist dir eine Qual. Mann, mit deinen fünfzig Jährlein liegt doch noch eine Menge Leben vor dir! Du mußt einmal heraus aus deiner Düsternis und Einsamkeit. Mußt aktiv etwas tun für deine eigene Gesundheit, für dein müdes Herz! Ich rate dir dringend, als Arzt und Freund: Geh einmal vier Wochen auf eine Kur! Ich weiß da ein vorzügliches Heilbad für dich! Folge meinem Rat!«

Fritz Körber hörte auf die ernsten Worte des befreundeten Arztes und ging nach seiner Anweisung zur Kur. Übrigens zum ersten Mal in seinem Leben.

Der Kurort war herrlich gelegen, und der kleine Klimawechsel wirkte sich deutlich positiv aus. Aber die Kur als solche hatte sich der Patient doch etwas anders vorgestellt. Er hatte da früher an Ruhe, Stille, Beschaulichkeit und Erholung gedacht.
Aber hoppla! Der Kurbetrieb erwies sich als recht lebhaft, ja anstrengend. Bereits um sieben Uhr morgens war er zu Wassergüssen eingeteilt, und die Anwendungen und Pflichtübungen füllten den Tageslauf beinahe lückenlos aus.
Ansonsten hatte ihn der Ratschlag des Freundes in ein wirklich vorzügliches Haus geführt, das bei allen modernsten Kureinrichtungen dennoch die noble Atmosphäre eines feinen, erstklassigen Hotels empfinden ließ. Allerdings hatte er wenig Glück bezüglich der Tischgesellschaft. Da war er als Partner einer sehr mißlaunigen alten Dame beigesellt worden, die über alles schimpfte, über die Ärzte wie über ihre schlechte eigene Gesundheit, über den Kurort wie über das Menü, die ständig reklamierte, beanstandete, sich beschwerte und Extras forderte.
Gottlob reiste diese schwierige Person nach der ersten Woche ab, und Fritz Körber war etwas beunruhigt bei dem Gedanken, welche Tischpartnerschaft wohl neuerdings auf ihn zukäme. Aber seine stillen Befürchtungen sollten sich gottlob nicht bestätigen. Als er mittags etwas verspätet in den Speisesaal kam, saß an seinem Tisch eine recht attraktive Frauensperson, die ihn auf den ersten Blick beeindruckte.
Man machte sich kurz bekannt: »Gestatten, Fritz Körber!« – »Sehr angenehm! Ich heiße Renate Fürst« – und wie selbstverständlich reichte sie ihm ihre gepflegte Hand hin.
Da tat Fritz Körber spontan etwas, was er in seinem ganzen Leben noch kaum getan hatte. Er gab der hübschen Frau einen Handkuß. – Noch während er sich über die dargebotene Hand beugte, schoß es ihm durch den Kopf: Zum Kuckuck! Was tust du denn? Bist du verrückt?
Aber da war es bereits geschehen, und als er sich wieder aufrichtete, blickte er in ein überraschtes, aber einmalig schönes Frauengesicht.

Sie muß um die vierzig sein – eine reife Frau voll Anmut und Anziehungskraft, gestand er sich ein. Nachdem er Platz genommen hatte, fiel es ihm sichtlich schwer, eine unbefangene Unterhaltung zu beginnen. Aber die neue Tischpartnerin machte es ihm leicht, indem sie ihm einfache, sachliche Fragen stellte über den Kurort, über das Haus, die er zwanglos und geschickt zu beantworten wußte. Dabei konnte er den Blick kaum von dem hübschen Gesicht wenden. Insgeheim mußte er sich immer wieder selbst ermahnen: Nun glotz sie doch nicht so impertinent an, verliebter Trottel!
Aber wenn ihn später beim Verlassen des Speisesaales jemand nach dem Tagesmenü gefragt hätte –, er hätte sich schrecklich blamiert. Er hätte beim besten Willen nicht sagen können, was er soeben gegessen hatte.
Aber er wußte genau, daß »sie« wunderschöne, leuchtend blaue, klare Augen hatte unter feingeschwungenen Brauen, einen verführerisch weichen Mund und eine wohlklingende Stimme. In ihrem bescheidenen Benehmen, in Wuchs und Haltung war sie eine auffallend schöne Erscheinung im bunten Aufgebot der Kurgäste. – Was man doch während eines einzigen Mittagessens alles wahrnehmen konnte, wenn Gott Amor die Sinne weckte.
Und der kleine Liebesgott hatte nicht mit Pfeilen gegeizt! Er mußte beide Herzen getroffen haben. Denn Renate Fürst und Fritz Körber genossen die gemeinsamen Mahlzeiten von der Vorspeise bis zum süßen Dessert.
Und nach so gepflegter Speisenfolge sollte man das Angebot eines gemeinsamen Spazierganges nicht ablehnen. Da plaudert es sich so leicht, und wes das Herz voll ist, des geht der Mund über.
Zu einer erfolgreichen Kur und zu einem gründlichen Kennenlernen gehören auch Abendpromenaden und wohl auch ein besinnliches Stündchen in einem netten Weinlokal.
Fritz Körber versäumte keine der vielfältigen Gelegenheiten, mit Frau Renate Fürst etwas gemeinsam zu unternehmen. Er versäumte aber auch keine der kurseitig vorgeschriebenen Anwen-

dungen, denn er wollte ernsthaft gesund und wieder voll leistungsfähig werden.

Als er sich nach diesem Kuraufenthalt wieder bei seinem Arzt und Jugendfreund am Heimatort vorstellte, empfing ihn der mit einem breiten Lachen: »Na, wie geht's?«
»Recht gut!« strahlte Fritz. »Dein Rat war großartig. Die Kur hat mir sehr gut getan!«
»Na, das freut mich. Und was macht dein altes Herz?«
»Das ist erstaunlich jung geworden – und ich hoffe, es arbeitet noch lange Zeit brav!« antwortete der Patient Körber und zögerte einen Augenblick in der Überlegung, ob er dem Jugendfreund alles berichten solle. Dann fuhr er entschlossen fort: »Und nun lach' mich bitte nicht aus, ›Herr Doktor‹ –, ich habe dort eine wundervolle Frau kennengelernt – und mich tatsächlich verliebt. Sie ist verwitwet, wie ich, und wir sind beide entschlossen, eine zweite Ehe zu wagen!«
Ziemlich ernst reagierte da der Arzt: »Darf man fragen, wie die Glückliche heißt?«
Etwas befangen sagte Fritz: »Sie heißt Renate – Renate Fürst.«
Da platzte der Freund laut lachend heraus und schlug ihm auf die Schulter: »Mensch, Fritz, das freut mich unbeschreiblich für uns beide! – So werden wir ehemaligen Schulfreunde im reifen Alter noch verwandt!
Ich hab' mir längst gedacht, daß ihr beide gut zusammenpassen müßtet! Renate ist nämlich meine jüngste Schwester.
Ich konnte euch nur ein paar gute Ratschläge und eine vorzügliche Kuradresse geben. Aber ich konnte sie dir nicht auf Rezept verordnen, meine Schwester. Die mußt du jetzt schon privat erwerben. Aber ich wünsch dir dazu recht viel Glück –, Schwager!«

Über den Kurschatten

Der Mensch, vom Alltag her gestreßt,
der sich zur Kur verschicken läßt
an einen Ort, den man ihm nennt,
wo er, aufs Wort, niemanden kennt –
der Mensch fühlt sich trotz Sonnenschein,
trotz vieler Menschen dort allein.
Denn für die Leute ringsumher
ist er nur Kurgast und nicht mehr,
ein Fremder, der bald wieder geht,
zu dem kein Herzensband besteht!

Kein Wunder, daß, so abgeschlossen,
zumindest unter Kurgenossen
manch kleine Sympathie gedeiht,
Freundschaftsverhältnisse auf Zeit.
Man nennt dann sowas, weitverbreitet,
den »Kurschatten«, der treu begleitet.
Und allen, die das Phänomen
vom Kurschatten nicht recht verstehn,
die gar dazu verächtlich schauen,
sollte man eines anvertrauen:

Nicht nur Vergnügen, Festlichkeiten
verführen zu Gemeinsamkeiten.
Uns Menschen kann vor allen Dingen
das Leid einander näherbringen.

Besinnlicher Ausklang

Nun haben wir so viel Heiteres und Hintergründiges abgehandelt über Licht- und Schattenseiten einer Kur, getreu dem Titel dieses Buches. Doch ungeachtet aller Späße – das Wichtigste bleibt allemal der Kurerfolg.
Gerade die neueste Forschung erkennt wieder, daß für Krankheitsanfälligkeit und für jede Heilungstendenz vor allem unsere Seelenverfassung von ausschlaggebender Bedeutung ist.
Auch der Kurgast wird um so mehr Gewinn für seine Erholung oder Genesung erzielen, je gelöster, je heiterer und zuversichtlicher seine innere Einstellung ist.
Und in diesem Zusammenhang kommt dem eigentlich zu Unrecht bespöttelten Kurschatten eine durchaus sonnige Bedeutung zu.
Sagt ein altes Sprichwort: »Geteiltes Leid ist halbes Leid«, so möchte ich diese arg verkürzte, lapidare Behauptung erweitern zu der Feststellung: »Mitgeteiltes Leid wird etwas leichter.«
Und wo könnte sich der Leidende zwangloser aussprechen, wo fände er ein mitfühlenderes Echo als beim Leidensgenossen? Kaum ein Gesunder hat wahres Interesse an der Krankheitsgeschichte des Mitmenschen. Dazu fehlt ihm schon meist die Zeit.
Der gleichermaßen oder doch ähnlich belastete Kurgast ist da weit eher mitfühlender Zuhörer und Gesprächspartner. Somit bleibt es fraglos empfehlenswert, eine Kur nicht abgesondert, allein und einsam zu absolvieren. Man suche Kontakt mit anderen, Gespräche und Gedankenaustausch. Denn nicht nur das »Sich-Aussprechen«, das »Sich-Mitteilen« ist zum Kurerfolg wichtig. Nein, auch das Zuhören bringt dem Lauschenden viele Vorteile, sprich: Erfahrungen.
Zu hören, daß andere gleichartige Schwierigkeiten haben, kann uns Trost sein. Zu erfahren, daß der andere Kurgast noch viel schlimmer leidet, könnte uns sogar mit dem eigenen Schicksal

etwas versöhnen. Die Schilderung, daß jemand durch die Kur Erleichterung erfuhr, läßt uns selber eher hoffen. Aus all diesen Gründen ist eine Kurbekanntschaft vorteilhaft und so gesehen wird auch der Kurschatten oft falsch bewertet und ungerecht bewitzelt. Es kann einer Frau in der zweiten Lebenshälfte großen Auftrieb geben, zu bemerken, daß sie noch umworben wird! Auch der Mann der späteren Jahrgänge erhält neuen Schwung durch eine kleine Romanze!

Dabei leben allerdings beide Partner, Frau wie Mann, in den Wochen einer Kur nicht unter alltäglichen Bedingungen. Vielmehr erhofft sich jeder irgend etwas Positives, Erfreuliches. Es bleiben eher freie Zwischenzeiten und beschauliche Abende. Die Allerweltspflichten und die banalen Werktagssorgen liegen plötzlich weit weg. Die durchwegs herrlich gepflegten Kurorte bieten mit ihrem reichen Freizeitplan überall gesellige Veranstaltungen an und ermöglichen so frohe Stunden.

Da ist es eigentlich verständlich, daß Kurbekanntschaften nicht selten zu einer kleinen Liebelei führen.

Weil nun in diesem Buch das Phänomen »Kurschatten« so ausführlich abgehandelt wurde, möchte ich den Witzeleien und der medizinischen Rechtfertigung jetzt auch noch einen ernsten Gedanken zum Abschluß anfügen:

Schatten sind flüchtige Erscheinungen. Auch die Kurschatten!

Jeder Kurgast muß nach ein paar Wochen wieder zurück in seine altgewohnte Umgebung, in seinen festen Lebens- und Pflichtenkreis.

Man hüte sich deshalb davor, den kleinen Flirt in der Ausnahmesituation des Kuraufenthaltes und seiner geschönten Atmosphäre zu real, zu ernst zu nehmen, die neue Bekanntschaft etwa zu idealisieren. Wenn erst der Reiz der Neuheit und das Anregende der außerordentlichen Umstände verflogen sind –, zurück im Alltagstrott wird auch der so charmante Kurpartner an Farbe verlieren. Gefühle werden sich abkühlen.

Ob es sich also wirklich lohnt, darauf zu bauen, deshalb vielleicht eine alte Bindung aufs Spiel zu setzen oder gar bewußt zu zerstören, das sollte gründlichst, ernsthaft und vielmals überdacht werden.

Es sollen doch auf eine heilsame Kur nicht unheilvolle Brüche, Zerwürfnisse, Sorgen und Enttäuschungen folgen!

Der amüsante Kurschatten, der uns für ein paar Wochen unterhaltsam an der Seite blieb, darf nicht auf Dauer unser Leben überschatten.

Denn daß er sich zum ewig leuchtenden Sonnenstrahl entwickelte, das wäre ein kleines Wunder.

Und Wunder aus Menschenhand, die gibt es unvorstellbar selten.

Deshalb erwarte keine Wunder von der Kur! Erwarte eher bescheiden und geduldig Linderung und Besserung. Und sei dankbar all denen, die dazu ein wenig beigetragen haben.

Mach's gut!

Lieber Kurgast! Laß dir sagen,
such dein Schicksal zu ertragen,
weil, seitdem die Welt besteht,
alles mal zu Ende geht.

Freud und Leid und Liebelei –
und die Kur geht auch vorbei!
Und mit diesem Trost-Versuch
endet nun auch dieses Buch.

Neben Schabernack und Witzen
hinter kleinen Geistesblitzen
hast du gar, von mir versteckt,
manche Weisheit hier entdeckt.

Deren letzte lautet so:
Zwickt noch etwas, irgendwo –,
mach dir keine Sorgen mehr!
Kurerfolg – kommt hinterher!

Und so wünschen wir dir alle
Besserung in jedem Falle!
Möge es dir wohl ergehen!
Und mach's gut! Auf Wiedersehen!

Leere Seiten?

Die nächsten Seiten – Donnerwetter –
sind unbedruckte, leere Blätter
in einem Buch, ein starkes Stück!
O nein, sie dienen deinem Glück.
Denn, lieber Kurgast, denke nur:
Es gibt doch während jeder Kur
so viele Daten und Adressen,
die wir im Lauf der Zeit vergessen,
obgleich wir sie, ob Frau, ob Mann,
gern wieder wüßten, irgendwann.
So ist mein Vorschlag gut gemeint:
Schreib alles, was dir wichtig scheint
und merkenswert im Kurverlauf,
hier auf den nächsten Seiten auf.
So wirst du alle Kur-Notizen
für immer schwarz auf weiß besitzen.
Doch eines möchte ich noch raten:
Den Kurschatten und seine Daten
– falls du nicht ledig lebst, allein –,
die trage besser hier nicht ein.
So eine Anschrift, Fernsprechnummer,
bereitet häuslich häufig Kummer.
Man weiß ja nie, wer später prompt
den Hinweis in die Hand bekommt.
Zum Kurschatten empfehl' ich gerne:
Die Anschrift, Kurgast, lerne! Lerne,
bis sie fest im Gedächtnis wohnt.
(Sofern sich all der Aufwand lohnt!)

Für alles andre, wie besprochen,
was dir noch wichtig ist, nach Wochen,
für Namen, Tips und Neuigkeiten
benutze nun die nächsten Seiten.
So wirst du klug und angemessen
Erfahrenes nicht mehr vergessen!

KUR-NOTIZEN

Frau auf der Waage: »Das ist die einzige Stelle, wo ich seit zwanzig Jahren für einen Groschen immer mehr bekomme.«

KUR-NOTIZEN

»Wieso Kur-Taxe? Das sehe ich gar nicht ein, wo ich immer zu Fuß gelaufen bin und nie ein Taxi benutzt habe!«

KUR-NOTIZEN

Nur wenige Dummheiten sind so schön, daß man sie ein zweites Mal machen möchte!

Inhalt

Lieber Kurgast 5
Hemmungen 7
Licht und Schatten 8
Wie eine Kur die Lebensgeister weckt 9
Der Badearzt 12
Die ständige Begleiterin 14
Auch das noch 15
Keine Sensationen! 16
Das Moor 17
Frauen sind keine Engel 18
Unmoral 21
Der »Kurfürst« 23
Unglaublich 27
Der Kurgast und sein Schatten 28
Die Quelle 29
Eine gute Idee 30
Lehrreich 31
Heimlichkeiten 32
Nicht nur ein Kurgeheimnis 35
In den Seebädern 36
Der Horcher an der Wand 37
Die letzte Zigarette 41
Berge 42
Reklamationen 43
Die kleinliche Erpressung 44
Ansichtskarten 45
Der treue Gast 46
Der Schwoof 47
Kurkonzert 48
Die Zweitfrisur 50
Was wäre gewesen, wenn . . . ? 51

Der unbeliebte Gast	54
Tausendfach	56
Erfrischend	57
Die braven Radfahrer	58
Gemischte Sauna	60
Der Wassertreter	61
Ausbrecher	62
Die Ursache	64
Die Abhilfe	64
Freitag, der 13.	65
Erholung	70
Kommt Zeit, kommt Rad	71
Wunder	72
Mitbringsel	74
Wagnis	75
Hochzeitsreise	76
Kuriositäten	79
Der Unglücksrabe	80
Kurz berichtet	82
Statt Schäfchenzählen	86
Ein paar Anekdoten	87
Direkt zum Wiehern!	89
Ein paar Scherzfragen	90
Provokation	91
Die Modenschau	92
Halbe Portion	93
Halbe Wahrheit	93
Gutbürgerlicher Mittagstisch	94
Ärztlich verordnet	95
Über den Kurschatten	100
Besinnlicher Ausklang	101
Mach's gut!	104
Leere Seiten?	105
Kur-Notizen	107

Von Leopold Kammerer sind in der
Verlagsanstalt »Bayerland« Dachau
außerdem erschienen:

Aus lauter Liab
Bayrische Gedichte
136 Seiten, Format 14 x 21 cm. ISBN 3-922934-12-4

Wundersame Weihnacht
Geschichten und Gedichte
120 Seiten, Format 14 x 21 cm. ISBN 3-922394-05-1

Vom Kathreintanz zur Weihnachtsgans
Geschichten und Gedichte
136 Seiten, Format 14 x 21 cm. ISBN 3-922394-34-5

Zünftige Zeiten
Mit Versen und Glossen durchs bayrische Jahr
144 Seiten, Format 14 x 21 cm. ISBN 3-922394-33-7

Kammerers Bayrischer Hausschatz 1
208 Seiten, Format 17,5 x 24,5 cm. ISBN 3-922394-48-5

Kammerers Bayrischer Hausschatz 2
192 Seiten, Format 17,5 x 24,5 cm. ISBN 3-922394-65-5

Die heitere Hausapotheke
Verserl und Gschichten zum Gsundwern und Gsundbleim
144 Seiten, Format 14 x 21 cm. ISBN 3-922394-56-6

An schöna Gruaß vom Deife
Ein Buch für Leute mit starken Nerven
120 Seiten, Format 14 × 21 cm. ISBN 3-922394-84-1

Hochzeit ist die schönste Zeit
Verserl und Geschichten zum Eintritt in den Ehestand
104 Seiten, Format 14 x 21 cm. ISBN 3-89251-023-7

Auf besonderen Wunsch
Heitere Auslese aus meinen Büchern
128 Seiten, Format 14 × 21 cm. ISBN 3-89251-013-X

Bayerland-Reihe »Kurz und guat« – 64 Seiten, Format 12 x 17 cm

A liaba Gruaß, a kloana Dank
Allerhand Verse und Geschichten. ISBN 3-922394-27-2

Kumm, liaba Lenz, und lach
Bayrische Gedichte. ISBN 3-922394-19-1

Sommer, schenk uns rote Rosen
Bayrische Gedichte. ISBN 3-922394-20-5

Der Herbst bringt bunte Blattl
Bayrische Gedichte. ISBN 3-922394-41-8

Wenn's a weiß Schneewerl schneibt
Bayrische Gedichte. ISBN 3-922394-42-6

Bayerland-Geschenkbücherl – 80 Seiten, Format 12 x 17 cm

Allerherzlichst
Weißblaue Wünsche und Grüße. ISBN 3-922394-59-0

Jung gefreit
Respektables und Respektloses zur Hochzeit. ISBN 3-922394-93-0

Gartenzwerg und Liebeslaube
Heiteres rund um den Garten. ISBN 3-89251-00-8

Für alle, die uns mögen
Heiteres und Nachdenkliches über allerhand Viecherl. ISBN 3-922394-82-5

Von Bello, Bazi und Burschi
Verse und Geschichten für den Hundefreund. ISBN 3-89251-012-1

Renate Fabel/Hans Fischach/Leopold Kammerer
Kätzchen läßt grüßen
Geschichten und Gedichte für Katzenfreunde. ISBN 3-922394-83-3